DUMONT
DIREKT

Prag

Walter M. Weiss

Inhalt

Das Beste zu Beginn

Morgenstund hat Gold im Mund
Die Karlsbrücke zu besuchen ist ein Muss. Das wissen viele, und so kann es hier ganz schön eng werden. Stehen Sie lieber mit der Sonne auf und kommen den Massen zuvor. Danach geht es als Belohnung zum Frühstücken ins stylische Café Savoy.

Zu Fuß gehen
Mit Prags öffentlichen Verkehrsmitteln sind Sie auf dem richtigen Weg. Im Stadtzentrum werden Sie sie kaum brauchen, denn das lässt sich am Besten zu Fuß erkunden. Aber in die pulsierenden Vorstadtviertel Žižkov, Vinohrady oder Karlín gelangen Sie mit Tram und Metro aufs Angenehmste. Achtung: Tickets bitte vor Fahrtantritt besorgen!

Wonderwall an der Moldau
In der einstmals mächtigen Burganlage Vyšehrad liegen der Legende nach die Wurzeln der Stadt. Heute kommen die Prager an sonnigen Tagen hierher, um in dem traumhaften Park zu picknicken oder vom imposanten Burgfelsen den Blick über die Moldau zu genießen. Tun Sie es ihnen gleich!

Alter Jüdischer Friedhof
An die 12 000 Grabsteine lehnen und stehen hier im Schatten methusalemischer Bäume neben-, an- und – wegen Platzmangels – auch bis zu 12-fach übereinander. Ein Besuch auf dem alten Jüdischen Friedhof im Herzen der Josefstadt hält die Erinnerung wach an das Leid, das den Prager Juden während des Dritten Reichs widerfuhr.

Elitär!
Es war ein streng gehütetes Geheimnis und nur Wenige waren eingeweiht: Im Keller des Hotels Jalta am Wenzelsplatz hatte man für den Fall der Kriegsfälle einen Atomschutzbunker für die kommunistische Nomenklatura eingerichtet. Erleben Sie hier und heute Prager Zeitgeschichte hautnah!

Tanzen auf ›Stalins Fußabstreifer‹

Einst stand in Prag Europas größte Stalin-Statue. 1962 verschwand sie von ihrem Sockel. Heute erinnert an ihrer Stelle ein großes Pendel an die Vergänglichkeit der Zeit. Das 1991 errichtete »Metronom«, eine Skulptur des Bildhauers Karel Novák, gibt den Pragern den Takt vor. Zu seinen Füßen trifft sich die lokale Szene zum Ausgehen. Besonders beliebt ist der Biergarten, allein schon wegen der wunderschönen Aussicht.

Prague Food Tour

Lokale Foodies nehmen Sie mit auf eine Tour zu den besten und angesagtesten Restaurants der Stadt. Nicht ganz billig, aber ein unvergessliches Erlebnis mit jeder Menge kulinarischer Insidertipps und tiefen Einblicken in Prager Gaumenfreuden. Der Blog www.tasteofprague.com stimmt Sie ein.

Oase der Ruhe

Zu den Höhepunkten einer Pragreise zählt sicher ein Besuch der mächtigen Burg am Hradschin. Da kann es schon mal etwas trubelig werden. Tauchen Sie wenige Meter weiter in die romantischen Gässchen von Nový Svět in eine Oase der Ruhe ein. Und noch reizvoller: Aus dem einstigen Armen- ist ein Künstlerviertel geworden.

Kreuzberg in Prag?

In den Vororten der Stadt pulsiert das Leben und die Jugendkultur. Wer am Wochenende durch die Krymská im ehemaligen Scherbenviertel Vršovice spaziert und in einer der Kneipen einkehrt, mag sich an das Berlin der Jahrtausendwende erinnert fühlen. Ein Muss für alle Reisenden, die wissen wollen, wo und wie die jungen Locals feiern.

Prag hat mir noch bei jedem Besuch den Kopf verdreht! Begleiten Sie mich auf eine Reise durch die Goldene Stadt, die nicht nur ihre Traditionen verwaltet, sondern sich immer wieder neu erfindet. Mein persönlicher Link: www.wmweiss.com.

Fragen? Erfahrungen? Ideen?

Ich freue mich auf Post.

Mein Postfach bei DuMont:
wmweiss@dumontreise.de

Das ist Prag

Blicken Sie hinter die Kulissen! Auch dann, wenn Sie sich zum ersten Mal in Prag aufhalten. Wer nämlich durch die Gassen der Staré Město schlendert, ist oft nicht nur beeindruckt vom einzigartigen Zusammenspiel der Stile, sondern auch überwältigt von den Massen an Schaulustigen, die sich jeden Tag durch die vielleicht schönste Altstadt Europas drängen. Doch seien Sie beruhigt: Prag ist viel mehr als ein imposantes Freilichtmuseum. Die Stadt pulsiert, experimentiert, erfindet sich neu – und Sie können es hautnah miterleben. Ich nehme Sie mit auf eine Entdeckungsreise: Sie werden Prags vielgerühmte historische Sehenswürdigkeiten in einem neuen Licht sehen und die jungen Ecken der Stadt kennenlernen. Denn nirgends liegen das Neue und das Alte so nah beieinander wie in Prag.

Aus dem Dornröschenschlaf erwacht

Wirklich wachgeküsst wurde Prag aus seinem unfreiwilligen Dornröschenschlaf, in den es Nazi-Besatzer und Kommunisten versetzt hatten, erst durch die sogenannte Samtene Revolution im Jahr 1989. War sein dazumal morbider Charme bis dahin im Westen eher als Geheimtipp gehandelt worden, brach nun jählings der große Touristenboom über die Stadt herein. Während die Prager eilends die Fassaden ihrer Häuser tünchten, strömten scharenweise westliche Ausländer herbei: Geschäftsleute, Urlauber, Künstler und Abenteuer, die dem Reiz des bohèmen Juwels verfielen. Die Metropole an der Moldau stieg wie Phönix aus der Asche strahlend aus der Versenkung auf.

Vielfach beschwärmt …

Die Stadt berauscht aber nicht erst seit dem Fall des eisernen Vorhangs. *Praha*, die ›Goldene‹ oder ›Hunderttürmige‹, ›Perle an der Moldau‹, ›Königin der Städte‹ oder einfach nur ›Mutter‹: Ohne Zahl und schwärmerisch sind die Ehrentitel und schmückenden Beinamen, mit denen Dichter und Reisende Prag im Laufe seiner mehr als 1000-jährigen Geschichte bedacht haben. Ein Grund dafür ist die spezielle Gunst seiner Lage: Wie so viele legendäre Städte erstreckt es sich über sieben zu beträchtlichen Teilen bis heute unbebaut gebliebene Hügel. Und in seiner Mitte windet sich sanft ein Fluss, der seit alters sowohl unverzichtbare Lebensader als auch unvergleichliche Kulisse ist. Doch mehr noch als auf die natürliche Schönheit beziehen sich die Lobpreisungen auf die von Menschenhand geschaffene Pracht: Keine zweite europäische Metropole besitzt ein von Bomben und Naturkatastrophen so unversehrt gebliebenes, über die Jahrhunderte gewachsenes Raumgefüge. Kein Wunder, dass die UNESCO diese begehbare Stilfibel der Architektur zum Weltkulturerbe ernannt hat.

… und leidgeprüft

Von ihren mythenumrankten Anfängen bis zum historischen Augenblick, als der Dichter und ehemalige Staatsfeind Václav Havel als Präsident am Hradschin einzog, erlebte Prag eine turbulente und widersprüchliche

Auf dem Altstädter Ring geht es schon mal zünftig zu.

Geschichte und viel Blutvergießen: Böhmens Hauptstadt war ungewöhnlich häufig und heftig umfehdet. Ihre Bevölkerung erlitt mehrmals schlim-
me Aderlässe – am katastrophalsten während des Dreißigjährigen Krieges
nach der Schlacht am Weißen Berg 1620, nach der man alle Protestanten
zur Auswanderung zwang, und rund um den Zweiten Weltkrieg, als Hitlers
Schergen die ansässigen Juden deportierten und am Ende auch Tausende
deutsche Prager vertrieben wurden.

In der Zukunft angekommen

In den bald 30 Jahren, die seit dem Fall des Eisernen Vorhangs vergangen
sind, hat sich Prag in vielerlei Hinsicht enorm weiterentwickelt. Die Region
zählt zu den wohlhabendsten in ganz Europa, und fast 1,25 Millionen
Prager erarbeiten ein Fünftel des tschechischen Bruttoinlandsprodukts. Der
tschechische Industriemotor brummt, nicht zuletzt dank der Herstellung
von elektrischen, optischen sowie insbesondere Radio- und TV-Geräten.
Und dennoch hat Prag sich seine mystische Aura erhalten. Zwischen den
Synagogen von Josefov und den mittelalterlichen Gässchen rund um den
Altstädter Ring könnte man meinen, es käme gleich ein Alchemist, der
Golem oder zumindest Franz Kafka um die Ecke gebogen. Erleben Sie eine
Idylle, die wie geschaffen ist für Verliebte, Träumer und Denker!

Prag in Zahlen

1,18

Babys bringt jede Tschechin im Durchschnitt zur Welt. Infolge dieser niedrigen Geburtenrate wird, so die Demografen, auch Prags Bevölkerung bis 2050 um rund ein Fünftel schrumpfen.

2

Hausnummern finden Sie an jedem Prager Haus. Die meist höhere Konskriptionsnummer zählt alle Häuser eines Stadtteils, die Hausnummer zählt im vertrauten System die Häuser einer Straße.

5

Oscars heimste Miloš Forman für seinen Film »Amadeus« ein, der in großen Teilen in der beliebten Filmstadt Prag gedreht wurde.

6

Synagogen befinden sich unter der Obhut des Jüdischen Museums in Prag. So viele gibt es in keiner anderen europäischen Hauptstadt.

8

Millionen Gäste plus/minus bescheren der Prager Hotellerie jährlich rund 18 Millionen Übernachtungen, wenn nicht gerade ein Corona-Virus die Pausentaste drückt.

8

Jahre nach dem Mord an John Lennon wurde 1988 eine mit vom Ex-Beatle inspirierten Graffiti und Songtexten bemalte Wand auf der Prager Kleinseite zum Symbol des Widerstands Prager Studenten gegen das kommunistische Regime – und trotzte erfolgreich allen Versuchen, sie zu übermalen.

10

Prozent der Prager Stadtfläche sind bewaldet, sehr zur Freude der Outdoor-begeisterten Prager.

22

Viertel gliedern die Stadt in Prag 1 bis Prag 22. Diese Ordnung wurde 2002 eingeführt und entspricht nicht den historischen Stadtvierteln, deren Namen man auch als Urlauber kennt.

53

Meter unter der Erde liegt die Metro-Station Náměstí Míru und ist damit die am tiefsten gelegene in der Europäischen Union.

142

Liter Bier trinken die Tschechen im Durchschnitt im Jahr – so viel wie keine andere Nation weltweit.

216

Meter ist der Fernsehturm im Stadtteil Žižkov hoch.

866

Hektar des historischen Stadtzentrums sind UNESCO-Weltkulturerbe.

5000

Juden etwa sind heute wieder in Prag ansässig. Ihr Durchschnittsalter ist seit der Samtenen Revolution von damals 80 auf 57 Jahre gesunken.

8000

Euro kostet das Recht, einen Tag lang auf der Karlsbrücke zu drehen. Die Filmproduzenten stehen trotzdem Schlange.

12 000

Grabsteine stehen am Alten Jüdischen Friedhof in Prag. Der Älteste stammt von 1439.

20 000

Quadratmeter Grundfläche misst die Prager Burg. Damit ist sie die größte mittelalterliche Burg der Welt!

8000

Tauben teilen sich Prags Straßen und Plätze mit 94 000 registrierten Hunden.

Was ist wo?

Wie keine zweite Metropole Europas hat sich Prag seine mittelalterliche Struktur großflächig erhalten. Ihr historischer Kern ist ein riesiges Freilichtmuseum aus zehn Jahrhunderten mit den Schwerpunkten Gotik und Barock. Der Innenstadtbereich gliedert sich in fünf Bezirke, die erst 1784 zu einer Stadt vereinigt wurden und sich bequem zu Fuß oder mit öffentlichen Verkehrsmitteln erkunden lassen.

Prag erstreckt sich wie viele legendäre Städte über sieben Hügel. In seiner Mitte fließt in sanfter Schleife, von acht Inseln durchsetzt und 16 Brücken überspannt, ein Fluss, der ihm seit alters unverzichtbare Lebensader und unvergleichliche Kulisse ist – die Moldau *(Vltava)*. Zwischen ihrem Knie im Norden und jener Furt im Westen, der die Stadt ihren Namen verdankt *(prah* = ›Schwelle‹) und durch die schon sehr früh ein Fernhandelsweg zwischen dem polnisch-russischen und dem deutschen Raum verlief, verbanden sich im 10. Jh. mehrere Niederlassungen von Kaufleuten und Handwerkern zu einer Siedlung.

Altstadt (Staré Město)
Östlich des Flusses bildet die Altstadt, der König Wenzel I. 1230 als erstem Gemeinwesen an der Moldau das Stadtrecht verlieh, bis heute das Herz jenes historischen Prag. In seiner Mitte liegt der 9000 m² große **Altstädter Ring** mit dem gerühmten gleichnamigen **Rathaus** (🗺 Karte 2, E 5). Rundherum erstreckt sich auf 800 ha ein architektonisches Freilichtmuseum, von dessen historischen Gebäuden über 2000 unter Denkmalschutz stehen. Eine Hauptachse bildet hier die **Karlova,** der zentrale Abschnitt des alten Krönungsweges der böhmischen Könige.
Im Norden grenzt an Staré Město Prags ehemalige Judenstadt: **Josefov** (🗺 Karte 2, D/E 4/5) gilt als Kernzone des viel beschworenen ›magischen‹ Prag. Die meisten Gebäude, etwa die eleganten Jugendstilhäuser in der **Pařížská,** sind kaum älter als 100 Jahre. Dazwischen stoßen Sie auf kostbare Synagogen und den legendären **Jüdischen Friedhof.** Am Ostrand der Altstadt ziehen der **Pulverturm** und am Obstmarkt das **Ständetheater** bewundernde Blicke auf sich.

Kleinseite und Hradschin (Malá Strana und Hradčany)
Dieses über Jahrhunderte gewachsene, von Bomben und Naturkatastrophen weitgehend unversehrte Raumgefüge setzt sich westlich der Moldau auf der **Kleinseite** (🗺 B/C 4/5) fort, in das Sie zu Fuß am besten über die legendäre Karlsbrücke gelangen. Das Stadtviertel ist ein barockes Gesamtkunstwerk, das in Europa kaum seinesgleichen hat. Es wurde nach den blutigen Religionskriegen zum Refugium des Adels, der sich in Sichtweite von St.-Nikolaus-Kirche und Burg kolossale Wohnsitze bauen ließ. Spannende Kunsterlebnisse, viel Grün und herrliche Ausblicke erwarten Sie auf der **Kampa-Insel,** im **Kloster Strahov** und auf dem Hügel **Petřín.**
Oberhalb dieses Idylls erheben sich, weithin sichtbar auf einem Hügelrücken, die Prager **Burg** mit dem **St.-Veits-Dom** und, westlich davon, die entzückende Burgstadt **Hradschin** *(hradčany,* 🗺 A/B 4). Ihr Zentrum markiert der von Adels- und Kirchenpalais gesäumte Hradschiner Platz.

Neustadt (Nové Město)

Den entscheidenden Schritt hin zu einer blühenden Metropole tat Karl IV., als er südlich der Altstadt 1348 die **Neustadt** (📖 D/E 7–9) gründete. Wo einst meist zugewanderte Handwerker wohnten, pulsiert heute das Geschäfts- und Kulturleben: so auf dem **Wenzelsplatz** und in der südlich angrenzenden Fußgängerzone, dem **Goldenen Kreuz.** Unter den Sehenswürdigkeiten ragen das **Museum der Stadt Prag, National-** und **Mucha-Museum,** das **Neustädter Rathaus,** an der Moldau das **Tanzende Haus** von Vlado Milunič und Frank O. Gehry, das **Nationaltheater** und im Nordosten das **Gemeindehaus** hervor. Im Nordosten angrenzend, locken am ehemals bürgerlichen ›Weinberg‹ **Vinohrady** (📖 F–H 6–8) bohemische Kaffeehäuser und schicke Restaurants, im Süden der sagenumwobene Burgfels von **Vyšehrad** (📖 D/E 9/10).

Am Stadtrand

Heute umfasst das Stadtgebiet einen Großteil der von den Flüssen Beraun (*Berunka*) und Elbe (*Labe*) begrenzten Beckenlandschaft. Rund um den von grünen Inseln Letná, Petřín und Vyšehrad eingefassten Kern liegen acht weitere Stadtbezirke. Sie sind mehrheitlich durch Industrie- und Plattenbauten geprägt, wie **Smíchov** (📖 A/B 8–10), **Žižkov** (📖 G/H 5/6) und **Holešovice** (📖 G/H 1–3). In vielen Gegenden dieser früher vorwiegend von Arbeitern bewohnten Bezirke blüht heute die Hipsterkultur. So hat in **Karlín** (📖 G/H 4/5) eine schillernde Kunstszene ihr Zuhause gefunden, haben sich in **Vršovice** (südöstlich von 📖 H 8) Vintagecafés und Konzertkeller häuslich eingerichtet. In anderen peripheren Bezirken, wie **Dejvice** und **Bubeneč** (📖 C/D 1/2), stehen viele elegante Villen, in denen oft Botschaften untergebracht sind. Hier und weiter westlich finden sich mit den Schlössern **Troja** und **Stern** oder dem **Kloster Břevnov** kunsthistorische Highlights, und mit der von Adolf Loos entworfenen **Villa Müller** eine Ikone der klassisch-modernen Architektur.

Augenblicke

Alles nichts ohne Bier

Es gibt viele unzutreffende Klischees und Vorurteile über die Prager. Dass hier mehr Bier getrunken wird als an jedem anderen Ort der Welt, belegt aber die Statistik. Und deshalb ist Bier auch heute noch oft das billigste Getränk auf jeder Speisekarte. Getrunken wird in den Pivnice genannten Bierstuben bis heute tschechisches Lager, das der Kellner so lange nachfüllt, bis Sie ausdrücklich ›Stopp‹ sagen. Böse Zungen behaupten, der niedrige Bierpreis sei schon immer ein probates Mittel der Obrigkeit gewesen, die leidgeprüfte Bevölkerung in schweren Zeiten gefügig zu halten. Ob es stimmt oder nicht: Die Steuer auf Bier anzuheben, hat sich bislang noch keine Regierung getraut.

Babys erobern ein Wahrzeichen

Fast schon provokant ragt der 1985 erbaute Prager Fernsehturm im Bezirk Žižkov aus dem Boden und steht damit in scharfem Kontrast zur historischen Altstadt. Im Jahr 2002 gestaltete der bekannte tschechische Künstler David Černý die »Miminka« (Babys), die am Turm auf und ab krabbeln, und sorgte dafür, dass die Prager das Gebäude etwas weniger streng beäugen.

Entspannen an der Moldau

In den letzten Jahren haben die Prager ihre Liebe zur Freizeit an der Moldau entdeckt. Unter Einheimischen absolut beliebt: Tretbootfahren und bei einem Bier auf den Feierabend anstoßen. Hier an der Náplavka herrscht an Sommertagen Hochbetrieb.

Ihr Prag-Kompass

#2
Concept Stores, Mode, Design – **Shopping in der Altstadt**

#3
Das jüdische Prag – **in der Josephstadt**

TRADITIONALISTEN auf Abwegen

STECKT HIER DE GOLEM ?

#1
Was für eine Augenweide! – **der Altstädter Ring**

Wer ist der Schönste im ganzen Land?

WOMIT FANGE ICH AN?

LEGENDEN ENTLARVEN

#15
Das geht an die Wurzeln – **zu Besuch in Vyšehrad**

zapft is', auf Böhmisch

#14
Na zdraví! – **Biertour durch Prag**

INVASION DER RIESENBABYS

Wundertheater

#13
Kreuzberg Moldauer Art – **von Žižkov nach Karlín**

#12
Nächtlicher Zauber – **Laterna Magika und Schwarzes Theater**

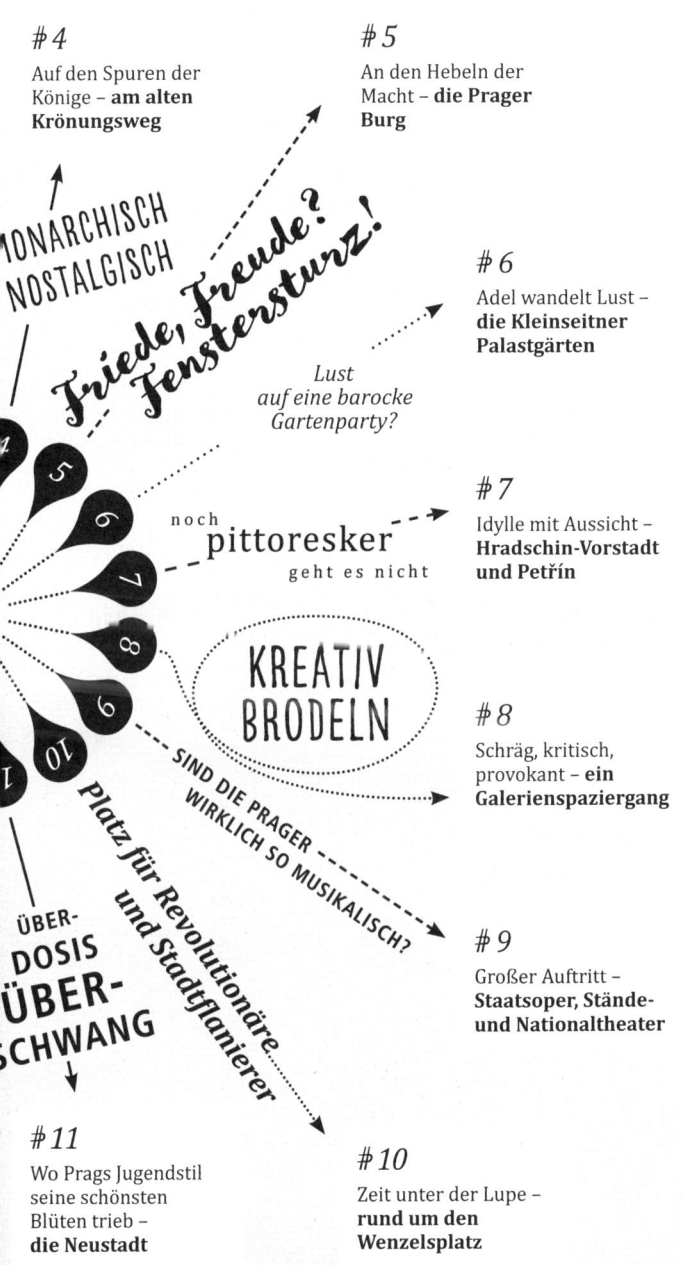

 # 4

Auf den Spuren der
Könige – **am alten
Krönungsweg**

 # 5

An den Hebeln der
Macht – **die Prager
Burg**

MONARCHISCH
NOSTALGISCH

*Friede, Freude?
Fenstersturz!*

 # 6

Adel wandelt Lust –
**die Kleinseitner
Palastgärten**

*Lust
auf eine barocke
Gartenparty?*

noch
pittoresker
geht es nicht

 # 7

Idylle mit Aussicht –
**Hradschin-Vorstadt
und Petřín**

KREATIV
BRODELN

 # 8

Schräg, kritisch,
provokant – **ein
Galerienspaziergang**

SIND DIE PRAGER
WIRKLICH SO MUSIKALISCH?

*Platz für Revolutionäre
und Stadtflanierer*

 # 9

Großer Auftritt –
**Staatsoper, Stände-
und Nationaltheater**

ÜBER-
DOSIS
ÜBER-
SCHWANG

 # 11

Wo Prags Jugendstil
seine schönsten
Blüten trieb –
die Neustadt

 # 10

Zeit unter der Lupe –
**rund um den
Wenzelsplatz**

Was für eine Augenweide! – **der Altstädter Ring**

Ein Bummel über Prags berühmten Hauptplatz bildet den perfekten Auftakt für Ihren Besuch. Die riesige Freifläche ist erfüllt von buntem Leben und eingekreist von architektonischen Meisterwerken aus beinahe 1000 Jahren. Für viele der Höhepunkt: die astronomische Uhr am Altstädter Rathaus.

Damals wie heute treffen sich die Prager am Altstädter Ring. Nur plauscht man jetzt eben im Café oder Restaurant anstatt auf dem Markt.

Seit annähernd 1000 Jahren schon schlägt am mehr als 9000 m² großen Altstädter Ring (Staroměstské náměstí) das Herz der Prager Altstadt. Es kreuzten sich hier schon früh wichtige Überlandstraßen, so dass erste Märkte an dieser Stelle stattfanden und sich die ersten Siedler dort niederließen. Das ganze Mittelalter hindurch diente er auch als Richtstatt,

Turnierplatz und Versammlungsort. Eingefasst ist das verkehrsbefreite und fast immer mit Touristen übersäte Geviert von einem Kranz wunderschöner, im Kern meist gotischer, später vielfach barockisierter Bürgerhäuser und Adelspalais. Imposanter Blickfang und kostbarstes Baujuwel ist das Altstädter Rathaus mit seiner Astronomischen Uhr. Dominant sind außerdem die gotische Teyn- und die barocke Nikolauskirche. Das monumentale **Jan-Hus-Denkmal** ❶ stammt von Ladislav Šaloun. Es wurde am 6. Juli 1915, dem 500. Todestag des tschechischen Nationalhelden, enthüllt und anlässlich des 600. generalsaniert. Die Figur des von verfolgten Glaubensbrüdern begleiteten Kirchenreformers erinnert in ihrer Ausdruckskraft an die Werke Rodins. Der in der Nähe in den Boden eingelassene Messingstreifen markiert den **Poledník,** den sog. Prager Meridian, mit dessen Hilfe man früher die örtliche Zeit bestimmte.

Altstädter Ring mit Rathaus

Schön schlägt die Stunde

Als die Bürger der alten Stadt Prag 1338 vom König das Recht zur Selbstverwaltung erhielten, adaptierten sie ein Wohnhaus, das in den alten Marktplatz hineinragte, als **Altstädter Rathaus** ❷, das sie in der Folge nach und nach erweiterten. Schmuckstücke des mit Wappen, Skulpturen und Sgraffiti reich verzierten Komplexes sind das spätgotische Hauptportal, die Erkerkapelle und mehrere prächtige Säle im Inneren. Besonders beachtenswert sind die von Mikoláš Aleš entworfenen Mosaike im Eingangsbereich, im ersten Obergeschoß die Rathausstube mit ihrer wunderschön bemalten Balkendecke und darüber der nicht minder opulent verzierte Sitzungsaal. Einen der herrlichsten Blicke über die ganze Stadt genießen Sie vom Turm des Rathauses. Der schweißtreibende Aufstieg lohnt sich wirklich! Hauptattraktion ist aber die über 500 Jahre alte **Astronomische Uhr.** Jede volle Stunde zwischen 9 und 23 Uhr hebt die Figur des Todes die Sanduhr, schwingt das Sterbeglöckchen. Dann wandern die zwölf Apostel an den zwei schmalen Fenstern vorbei. Schließlich kräht der Hahn, worauf der Stundenschlag ertönt.

Um die Uhr in Ruhe bewundern zu können, empfehle ich Ihnen, besser kurz nach dem Ende des Spektakels zu kommen. Die eigentliche Meisterleistung ist nämlich das Zifferblatt: Es

H
HELD HUS

Dass ausgerechnet ein Priester und christlicher Reformator zu den wichtigsten Nationalhelden der heute großteils atheistischen Tschechen zählt, ist nur auf den ersten Blick ein Widerspruch. **Jan Hus** steht nämlich nicht nur für die Reformation der Kirche, sondern auch für das aufkommende Nationalbewusstsein der Tschechen: Er predigte in tschechischer Sprache und entwickelte diese maßgeblich weiter. Seinen Widerstand gegen den Ablasshandel und die Habsucht des Klerus bezahlte Hus mit dem Leben: 1415 wurde er in Konstanz auf Geheiß des Papstes auf dem Scheiterhaufen verbrannt.

zeigt nicht nur die Uhrzeit, sondern auch das Tierkreiszeichen, die Stunde des Sonnenaufgangs und Sonnenuntergangs, die Stern- sowie die Jahreszeit, dazu das Datum und die dazugehörigen Namenstage. Vollbracht wurde diese Meisterleistung vor über 600 Jahren von einem Uhrmacher namens Jan Růže alias Meister Hanuš. Der Legende nach sollen ihm die Prager Bürger nach Vollenden der Uhr die Augen aus-

INFOS/ÖFFNUNGSZEITEN

Altstädter Rathaus 2: Innenräume Di–So 9–20, Mo 11–20 Uhr, 250 Kč. Im Erdgeschoss des Altstädter Rathauses unterhält das Fremdenverkehrsamt eine **Touristen-Information** (tgl. 10–19 Uhr). Hier können Sie am Beginn Ihres ersten Stadtrundgangs gratis Pläne, Broschüren und Auskünfte erhalten. **Teyn-Kirche** 3: ganzjährig Di–Sa 10–12 und 15–17, So 10–12 Uhr, Eintritt frei (Spende: 40Kč) **St.-Nikolaus-Kirche** 4: Mo–Sa 10–16, So 12–16 Uhr, Eintritt frei

KULINARISCHES FÜR ZWISCHENDRIN

Die Altstadt ist gespickt mit Touristenfallen, die mit günstigen Menüs locken. Doch rund um den Altstädter Ring finden Sie ein paar richtig gute Adressen, in denen sich auch die Einheimischen tummeln: Günstig und in coolem Ambiente Rücken an Rücken mit Studenten essen Sie im **Mistral Café** 1 (Valentinská 11, T 222 31 77 37, www.mistralcafe.cz, Mo–Fr 8–23, Sa/So 9–23 Uhr). Im **Blue Fjord** 2 (Dlouhá 14, T 730 87 00 86, www.bluefjord.cz, tgl. 10–22 Uhr), einer Kombination aus Fischgeschäft und kleinem Restaurant, kann man auf Holzbänken, auch zwischendurch, famosen frischen Fisch schnabulieren. Den vielleicht besten Kaffee in der Prager Altstadt braut **Café Betlém** 3 (Betlémská 12, T 725 74 44 18, www.cafebetlem.cz, tgl. 7.30–20 Uhr). Achtung: akuter Hipsteralarm!

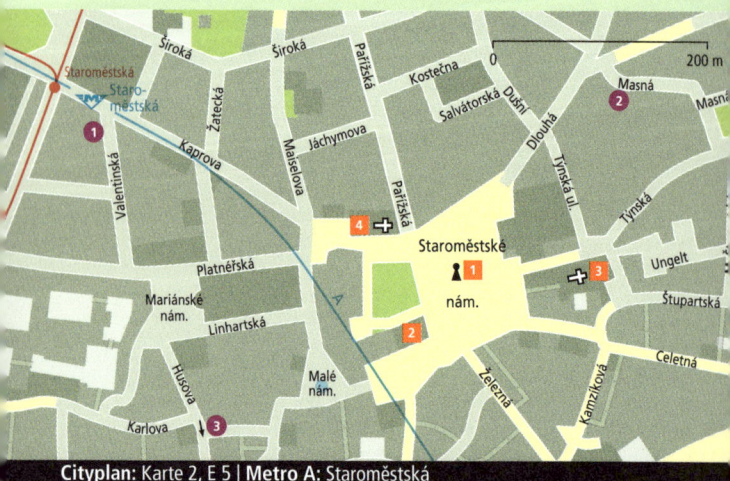

Cityplan: Karte 2, E 5 | **Metro A:** Staroměstská

Wie schön die Zeit vergeht.

gestochen haben, damit er kein weiteres Uhrwerk dieser Güte in einer anderen Stadt bauen
könne.

Profane Architektur?

Entlang der Südseite des Platzes reihen sich prächtige Häuser dicht an dicht. Besondere Schmuckstücke sind das dem Rathaus direkt benachbarte
Haus zur Minute (Hausnummer Nr. 2), erkennbar
an der Löwenfigur und den Sgraffito-Darstellun-
gen antiker und biblischer Szenen, das spätbaro-
cke **Haus Zum goldenen Einhorn** (Nr. 20), in dem
einst Bedřich Smetana eine Musikschule betrieb,
und das **Storchhaus** (Nr. 16), auf dessen Jugend-
stil-Fassade der hl. Wenzel hoch zu Ross prangt.

Der Reigen geschichtsträchtiger Profanbauten
setzt sich an der Ostseite fort. Prachtexemplare
sind hier die im Kern gotische, Mitte des 16. Jh.
im Stil der venezianischen Renaissance umgebaute Teyn-Schule und das **Palais Goltz-Kinsky** mit
seiner Rokokofassade (Nr. 12), das die Sammlung Orientalischer Kunst und die zentralen Büros

Auch wenn die zahl-
reichen Stände in der
Prager Altstadt anderes
vermuten lassen: Die
trdelník, Turtle Neck oder
auch manchmal deutsch
Baumkuchen genannten
Süßigkeiten gehören
nicht zu den traditionel-
len Prager Süßspeisen,
auch wenn sie allerorts
als solche verkauft
werden. Wer es dagegen
wirklich klassisch-tsche-
chisch mag, der greift
zu *kremrole, koláče* oder
veneceks.

Im Jahr 1621 verloren die Böhmen bei der Schlacht am Weißen Berg gegen die katholischen Habsburger im Kampf um die Herrschaft in Böhmen. Damit nicht genug, ließ der Habsburger Kaiser Ferdinand II. 27 protestantische Adelige am Altstädter Ring hinrichten und das Land brutal rekatholisieren. Bis heute erinnern 27 in den Boden eingelassene weiße Kreuze an dieses traurige Kapitel der Geschichte.

der Nationalgalerie beherbergt. Das 1300 Jahre alte **Haus Zur Steinernen Glocke** (Nr. 13) diente vermutlich König Johann von Luxemburg und eine Zeitlang auch Karl IV. als Stadtresidenz. In den 1980er-Jahren von neobarockem Schmuck befreit und weitestgehend in den originalen Zustand eines frühgotischen Turmhauses rückgeführt, vermittelt es eine gute Vorstellung von der herrschaftlichen Wohnarchitektur des 13. und 14. Jh. Seit längerem wird es auch für Konzerte und Wechselausstellungen genutzt.

Göttliche Gotik ...

Unmittelbar hinter dem ebenfalls sehr sehenswerten Haus **Zum weißen Einhorn** (Nr. 15) erhebt sich grauschwarz und ungemein eindrucksvoll die **Teyn-Kirche** **3** (Týnský chrám). Die Kirche zur Muttergottes vor dem Teyn, wie sie mit vollem, deutschen Namen heißt, gilt als markantester gotischer Sakralbau von Prag. Er entstand in der zweiten Hälfte des 14. Jh. Die Giebelfassade und die beiden 80 m hohen Türme sind rund 100 Jahre jünger. Dem dreischiffigen, lange Zeit etwas düsteren, vor einigen Jahren auf Hochglanz renovierten Innenraum, in dem zur Hussitenzeit die radikalen Utraquisten ihre Messen hielten, wurde nach dem großen Stadtbrand von 1679 ein barockes Kleid verpasst. Höhepunkte der Ausstattung sind die Altarbilder von Karel Škréta und das Grabmal des Astronomen Tycho Brahe.

... und spätbarockes Schwelgen

Diagonal gegenüber erhebt sich in der Nordwestecke des Altstädter Rings die imposante **Nikolauskirche** **4** (Kostel svatého Mikuláše). Sie symbolisiert bis heute die einstige Vorherrschaft der katholischen Kirche. In der frühgotischen Zeit von deutschen Kaufleuten gestiftet, ist sie in ihrer heutigen, spätbarocken Form eine Schöpfung des unermüdlichen Kilian Ignaz Dientzenhofer aus den 1730er-Jahren. Der zweitürmige Bau mit seiner mächtigen, von einer Laterne bekrönten Zentralkuppel ist seit 1920 Hauptsitz der reformatorischen tschechoslowakischen Kirche. Seine Richtung Süden, zum Platz hineinweisende Hauptfront ist mit Skulpturen Anton Brauns geschmückt, und auch sein Inneres zeigt sich schwelgerisch reich verziert.

Die Teyn-Kirche

Concept Stores, Mode, Design – **Shopping in der Altstadt**

Die Zeiten kitschiger Souvenirs sind gezählt: Zeitgeistiges Design, kubistische Möbel und neu interpretiertes, klassisches Handwerk verführen Sie auf Ihrem Einkaufsbummel durch die Altstadt. Auch für Fashionistas hat Prag so manche Überraschung parat.

Cartier, Hermes, Dior, Saint Laurent, Prada, Gucci oder Boss, Hublot, Vertu – sie alle sind auf Prags Nobelmeile Pařížská vertreten. Zwischen den Luxusadressen finden sich aber immer wieder Läden, die zu betreten sich auch Otto Normalverbraucher nicht scheuen muss. Einer davon ist **La Gallery Novesta** 🛍. Als eine der ersten besann sich diese Boutique auf das Können und die Kreativität lokaler Designer, die vielleicht schon morgen in Paris und Mailand für staunende Gesichter sorgen werden. Ein ähnliches Konzept verfolgt auch die sympathische **Debut Gallery** 🛍, die sich

Böhmisches Glas und Kristall sind bis heute ein Verkaufsschlager. Manufakturen wie Artěl halten die Designtradition von Kubismus und Art déco hoch.

direkt am Altstädter Ring erfolgreich gegen den Touristenkitsch behauptet und auch wunderschönen Schmuck anbietet. Gleich schräg gegenüber führt ein weiterer, schmucker Laden hochwertige, authentische Design-Souvenirs: **Lipa** 🛍.

Gläserne Tradition

Bei **Moser Crystal** 🛍 (Ecke Ring und Celetná) können Sie Ihr Faible für kunstvolle Trink- und Ziergläser, Karaffen, Vasen oder elegantes Tafelgeschirr pflegen und die Glasmachertradition Nordböhmens bewundern. Der Tradition dieses jahrhundertelang gepflegten Handwerks widmen sich auch die Betreiber des sympathischen Ladens **Carlo Quatro** 🛍, der einen schönen Querschnitt einheimischer Glasware von erlesener Qualität bietet.

Mode, Düfte und andere Versuchungen

Ein paar Straßen weiter geraten Liebhaber exklusiver Freizeitmode ins Schwärmen: In der smarten Boutique **Therapy** 🛍 findet man Schickes für Sie und Ihn des japanischen Labels Comme de Garçons, aber auch aus Skandinavien, Deutschland und Italien.

Wie wäre es mit einem Abstecher in den idyllischen **Teynhof/Týn** (Zugang über Štupartská oder Týnská)? Der weitläufige Komplex hinter der gleichnamigen Kirche wurde vor rund 1000 Jahren als Herberge und Warenlager für fremde Kaufleute angelegt und jüngst in eine charmante Shoppingzone verwandelt. Besonders originell: die beiden Läden für **Marionetten** 🛍 (Nr. 1) und traditionelles **Holzspielzeug** 🛍 (Nr. 10) und **Botanicus** 🛍, die herrlich duftende Stammadresse der mittlerweile internationalen Kosmetik-Kette (Nr. 3).

Kubistisches Mekka oder Mokka?

Einen originellen Schlussakord setzt das **Haus zur Schwarzen Muttergottes.** Im Erdgeschoss dieser Ikone kubistischer Architektur zeigt die **Galerie Kubista** 🛍 erlesenes Kunsthandwerk aus jener kurzen, kreativen Epoche vor 1914, als Prags Designer dem von Braque und Picasso lancierten Stil der Aufsplitterung der Formen mit Inbrunst frönten. Die Preise sind hoch. Doch wo sonst finden Sie einschlägige Originalmöbel und -textilien

Böhmische Künstler sind seit alters nicht gerade für ihre Verklemmtheit und Prüderie bekannt. Martin Velišek und Aurel Klimt, die sich in ihrem Studio solche Puppen für Animationsfilme ausdenken, sind da keine Ausnahme.

im Neuzustand? Günstiger sind die Repliken von Lampen, Uhren, Vasen und Tassen. Einen Stock höher wartet mit dem **Grand Café Orient** ein einzigartiges Gesamtkunstwerk: Das 1912 von Josef Gočár in lupenreinem Kubismus gestaltete Lokal wurde 1992 originalgetreu rekonstruiert.

INFOS/ÖFFNUNGSZEITEN

Faustregel: normalerweise sind die Geschäfte tgl. 9/10 bis mindestens 19 Uhr (ohne Mittagspause) geöffnet, im Sommer öffnen viele Läden oft bis 22 Uhr

Gallery Novesta 🚩: Eliška Krásno horské 9, vidda.cz

Debut Gallery 🚩: Malé náměstí 12, www.debutgallery.cz

Lipa Store 🚩: Malé náměstí 4, www.lipastore.cz

Moser Crystal 🚩: Ecke Ring/Celetná, www.moser-glass.com

Carlo Quatro 🚩: Týnská ulička 8, www.carloquatro.com

Therapy 🚩: Dušní 8, www.blackout fashion.cz

Botanicus 🚩: Týn 3, www.botanicus.cz

Galerie Kubista 🚩: Celetná/Ecke Obstmarkt, www.kubista.cz

KULINARISCHES FÜR ZWISCHENDRIN

Ideal für einen Zwischenstopp auf Ihrer Einkaufstour oder auch ein ausgedehntes Frühstück eignet sich das **Nostress** ❶ (V Kolkovně 9, T 222 31 70 07, www.nostress.cz, Mo–Sa 9.30–22 Uhr, Hauptspeisen ab 180 Kč), wo auch die im Zentrum arbeitenden Einheimischen gerne zu Mittag einkehren.

Sehr zu empfehlen für den schnellen Hunger zwischendurch ist auch der **Bakeshop Praha** ❷ (Kozí 1, T 222 31 68 23, www.bakeshop.cz, tgl. 7–21 Uhr) mit seinen köstlichen Back-Kreationen.

Für eine kräftige Stärkung nach getaner Shoppingarbeit geht es ins edle Steak-Restaurant **George Prime Steak** ❸ (Platnéřská 19, T 226 20 25 99, www.georgeprimesteak.com, Di–Sa 18–22 Uhr).

Cityplan: Karte 2, D/E 4/5 | **Metro A:** Staroměstská

 # 3

Das jüdische Prag –
in der Josephstadt

Waren Sie schon einmal in einer Synagoge zu Gast? Wenn nicht, dann gibt es in Europa keinen besseren Ort, um das zu ändern. Nicht eine, sondern gleich fünf Synagogen und der berühmte Jüdische Friedhof gehören zu Prags Jüdischem Museum im Stadtteil Josefov: Sie vermitteln spannende Einblicke in die lange und tragische Geschichte von Prags jüdischer Bevölkerung.

Die Balance zwischen Kunst und Kommerz war immer eine heikle. Im Franz-Kafka-Shop wird die Erinnerung an den großen Schwierigen der örtlichen deutschsprachigen Literatur ohne viel Federlesen zu barer Münze gemacht.

Mehr als tausend Jahre ist es her, dass sich im Schatten der Prager Burg erstmals Juden niederließen. Josefov – die jüdische Siedlung am Nordwestrand der Altstadt – geht auf die Zeit um 1150 zurück. Wer heute diesen Bezirk erkundet, der im 16. Jh. den Charakter eines Ghettos annahm, stellt erstaunt fest: Nicht verwinkelte Gässchen und mittelalterliche Häuser prägen sein Bild, sondern großbürgerliche Boulevards, gesäumt von Bäumen und prachtvollen Jugendstilfassaden.

Ein Stadtteil wandert ab

Nach der Revolution von 1848 hatte der Kaiser den Juden endlich das volle Bürgerrecht zuerkannt. In der Folge wanderten die wohlhabenderen Einwohner aus der beengten Josefstadt ab, die daraufhin zu einem Elendsviertel verkam. Kurz vor 1900 wurde die verlotterte Bausubstanz komplett geschleift und durch moderne Wohn- und Geschäftsbauten ersetzt. Als Vorbild diente das Stadtbild von Paris. Erhalten blieben im Wesentlichen nur das Rathaus, der Alte Friedhof, ein halbes Dutzend Synagogen und jener Genius loci, der dem Bezirk seine besondere geistig-mystische Dimension verleiht.

Auf den Spuren des Kafkaesken

Als Ausgangspunkt für diesen Spaziergang empfehle ich das bronzene **Franz-Kafka-Denkmal** [1] an der Ecke Maiselova und Náměstí Franze Kafky. Der unsterbliche Dichter ist bis heute eine Symbolfigur für die letzte Blütezeit der Prager jüdischen Kultur. Er erblickte am 3. Juli 1883 im Haus **U radnice 5** das Licht der Welt. Wer sich über sein Leben und Werk vor Ort informieren will, sollte die kleine Ausstellung im Gassenlokal desselben Hauses besuchen.

Hitler und sein diabolischer Plan

Zu den perfiden Zielen der Nationalsozialisten gehörte es seinerzeit, an der Moldau ein ›Museum einer ausgestorbenen Rasse‹ einzurichten. Und ausgerechnet diesem Plan ›verdankt‹ das heutige Jüdische Museum seinen immensen Bestand von aus ganz Böhmen und Mähren zusammengeraubten Kunstgegenständen. Gegründet wurde es allerdings als eines der ersten seiner Art in Europa bereits 1906. Heute umfasst es vor allem vier Synagogen, in denen Sie sich in aufeinander abgestimmte Ausstellungen über die jüdische Geschichte Prags informieren können.

Ein Synagogen-Spaziergang beginnt am Besten in der Široká 3: Die 1535 erbaute **Pinkassynagoge** [2] ist eine Gedenkstätte für jene fast 80 000

R *RUHESTÄT-TE*

Da gemäß jüdischer Tradition Gräber nicht aufgelöst werden dürfen, stapeln sich auf Prags Altem Jüdischem Friedhof über 100 000 Gräber in zahllosen Schichten übereinander. Der älteste Grabstein stammt aus dem Jahr 1439. Franz Kafkas Grab werden Sie hier vergeblich suchen. Der Schriftsteller ist auf dem 1890 eröffneten Neuen Jüdischen Friedhof im Stadtteil Žižkov (▶ S. 69) begraben.

Neues Leben in den uralten Gassen von Josefov: 1999, zur Zeit der Samtenen Revolution, zählte Prags jüdische Gemeinde – eine Langzeitfolge der Nazi-Zeit – nur 700 Mitglieder. Inzwischen sind wieder mehr als doppelt so viele Juden ansässig.

jüdischen Tschechen, die dem Vernichtungswahn der Nationalsozialisten zum Opfer fielen. Ihre Innenwände sind mit den Namen der Toten beschrieben, und die Ausstellung zeigt Briefe und Kinderzeichnungen aus dem Konzentrationslager Theresienstadt. Ein schockierendes Zeugnis des größten Verbrechens des 20. Jh.

Die **Maiselsynagoge** 3 in der Maiselova 10 stammt ebenfalls aus dem 16. Jh., wurde jedoch neogotisch umgebaut. Hier ist die Geschichte des Judentums in den tschechischen Ländern von ihren Anfängen bis zur Aufklärung dokumentiert. Im Zentrum: Die rechtliche und soziale Stellung der Juden im Mittelalter und die Errungenschaften ihrer Gelehrten aus der ›goldenen Ära‹ um 1600.

Um die Ecke, in der U Starého hřbitova 3a steht die **Klausensynagoge** 4. Sie geht in ihrer heutigen Form auf die Jahre nach dem großen Ghettobrand von 1689. Die Ausstellung zeigt die Traditionen im Alltag sowie die Bräuche und Feste im jüdischen Jahres- und Lebenslauf. In unmittelbarer Nachbarschaft liegt der **Alte Jüdische Friedhof** 5 – ein Ort von ganz besonderer Magie. An die 12 000 Grabsteine stehen und lehnen hier neben-, an- und übereinander. Als ›Vorzeigegrab‹ gilt jenes des 1609 verstorbenen Rabbi Löw, des sagenumwobenen Schöpfers des Golem. Doch auch viele andere Geistesgrößen fanden hier, im Schatten uralter Bäume, ihre letzte Ruhestätte.

INFOS/ÖFFNUNGSZEITEN

Franz-Kafka-Denkmal 1: Ausstellung ganztägig geöffnet
Pinkas- 2, **Maisel-** 3 und **Klausensynagoge** 4, **Alter Jüdischer Friedhof** 5, **Spanische Synagoge** 7:
T 222 31 71 91, www.jewishmuseum.cz, So–Fr außer an jüdischen Feiertagen, 1. Jan.–25. März 9–16.30, Ende März–Ende Okt. 9–18, Ende Okt.–31. Dez. 9–16.30 Uhr
Tickets für die Sehenswürdigkeiten des Jüdischen Museums (350 Kč) bzw. des jüdischen Viertels (290 Kč) erhalten Sie im Informations- und Reservierungszentrum in der Maiselova 15, in der Klausensynagoge oder der Pinkassynagoge, online unter www.jewishmuseum.cz. Achtung: Für die Altneusynagoge ist ein eigenes Ticket (100 Kč) zu lösen, außer Sie erwerben um 500 Kč das Kombi-Ticket.

Altneusynagoge 6: So–Fr außer an jüdischen Feiertagen, Jan.–März 9–17, April–Okt. 9–18, Nov./Dez. 9–17 Uhr

KULINARISCHES FÜR ZWISCHENDRIN

Lust auf jüdische Küche? In Prags ältestem jüdischen Restaurant **King Solomon** 1 (Široká 8, T 224 81 87 52, www.kosher.cz, So–Do 12–22.30 Uhr)kredenzt man in behaglich-elegantem Ambiente vorzügliche Gefüllte Fisch, Steaks, Tschulent, Hummus und vieles mehr.
Die riesige Golem-Figur an der Wand signalisiert: Hier geht es urtschechisch zu, auch in der Küche: Im **U Golema** 2 kredenzt man in eher rustikalem Ambiente Einheimisch-Deftiges, aber auch Fisch und Steaks. (Maiselova 8, T 222 32 81 65, www.restaurantugolema.cz/de, tgl. 11–22 Uhr).

Grabsteine auf dem Alten Jüdischen Friedhof: Der älteste lässt sich auf das Jahr 1439 datieren. Das letzte Begräbnis fand hier 1787 statt.

Bestimmt haben Sie schon vom Golem gehört. Der Legende nach soll er vom berühmten Rabbi Löw Ende des 16. Jh. zum Schutz seiner Glaubensbrüder aus Lehm geschaffen worden sein. Seine Überreste ruhen einer Erzählvariante zufolge bis heute auf dem Dachboden der Altneusynagoge. Trauen Sie sich nachzusehen? Gruseliger Klassiker der Literatur: »Der Golem« von Gustav Meyrink

Zu Besuch beim Golem

Mehr als einen Blick verdient der Zeremoniensaal, die einstige Leichenhalle neben dem Friedhofsausgang. Dann geht es hinüber zur **Altneusynagoge** 6 in der Červená 2. Der zweischiffige Bau mit seinem hohen Satteldach ist eine Schöpfung des späten 13. Jh. und damit die älteste noch als Gotteshaus genutzte Synagoge Europas. Mit ihrem Rippengewölbe, den Spitzbogenfenstern und anderen Steinmetzarbeiten von höchstem künstlerischen Wert ist sie zudem eines der ersten frühgotischen Bauwerke der Stadt. Da die Häuser der Umgebung stets respektvoll Abstand zu ihr hielten, blieb sie von Feuersbrünsten verschont und mitsamt der kostbaren Inneneinrichtung bis heute in ihrem nahezu ursprünglichen Zustand erhalten. Als Hauptsynagoge der Stadt war sie seit alters her Wirkungsbereich bedeutender Rabbiner. Zu den Höhepunkten für Besucher zählen das Podium (Bima) für den Vorleser, der Thoraschrein, die bronzenen Kronleuchter und die ›hohe Fahne‹, das offizielle Banner der jüdischen Gemeinde aus der Zeit Karls VI.

Zurück in die Gegenwart

Den Abschluss des Spaziergangs durch das jüdische Prag bildet etwa 300 m weiter die **Spanische Synagoge** 7. Das goldfarbene Innere birgt den zweiten, bis in die Gegenwart reichenden Teil der historischen Schau. Sie wird auch für geistliche Konzerte und jüdische Feste genutzt. Ihren Namen verdankt die Spanische Synagoge übrigens dem maurischen Baustil und nicht etwa sephardischen Juden, wie oft vermutet wird.

Auf den Spuren der Könige – **am alten Krönungsweg**

 # 4

Jahrhundertelang pflegten Böhmens Thronfolger in vollem Krönungsornat vom Osttor über den Altstädter Ring, durch die Karlsgasse und über den Fluss Richtung St.-Veits-Dom zu ziehen. Die Kernzone dieses uralten Prozessionswegs abzuwandern ist auch in republikanischen Zeiten ein attraktives Ritual.

Vom Altstädter Ring gelangen Sie, am Rathaus vorbei, zunächst auf den **Kleinen Ring** (Malé náměstí). Auf diesem dreieckigen, überaus anmutigen Platz sollten Sie den Blick über die schönen Barockfassaden schweifen lassen, aber tunlichst dem Wunsch widerstehen, eines der hier wartenden Oldtimer-Taxis anzuheuern, denn weiter geht es per pedes! Nun heißt es: Ellbogen einklappen, denn die schmale **Karlsgasse** (Karlova), die hier gut

Extremer Brennweite sei Dank rückt die Kuppel der Kleinseitner Nikolauskirche den Heiligenstatuen auf der Karlsbrücke unwirklich nahe.

33

500 m weit bis zur Moldau führt, ist eine absolute Kernzone des Gruppentourismus und leidet neben chronischer ›Disneyisierung‹ häufig auch an akuter Verstopfung durch Passanten. Doch gibt es viel zu bewundern: an der Ecke zur Husova etwa das **Palais Clam-Gallas** **1** mit seinem wuchtigen, von Atlanten gestützten, wegen Generalsanierung geschlossenen Barockportal und an der Moldau südlich der Brücke das **Bedřich-Smetana-Museum** **2**.

INFOS/ÖFFNUNGSZEITEN

Bedřich-Smetana-Museum **2**:
Novotného lávka 1, www.nm.cz, Mi–Mo 10–17 Uhr, 50 Kč
Klementinum **3**: T 733 12 92 52, www.klementinum.com, So–Do 10–17.30, Fr/Sa bis 18 Uhr; nur mit Führung (alle 30 Min., Dauer 50 Min.), 300 Kč, Kombiticket mit Konzert um 650 Kč
Franziskuskirche **4**: April–Nov. tgl. 10–18 Uhr, winters nur durch die Glastür einsehbar; sommers fast tgl. Orgelkonzerte (www.jchart.cz)
Karlsbrücken-Türme **5**: Altstädter (astronomisch-astrologische Ausstellung) Juli, Aug. tgl. 10–20, Mai, Juni, Sept. bis 19, Okt.–April bis 18 Uhr, 170 Kč) und Kleinseitner (Geschiche der Karlsbrücke) April–Sept. tgl. 10–22, Okt., März 10–20, Nov.–Febr. 10–18 Uhr, 100 Kč

KULINARISCHES FÜR ZWISCHENDRIN

Sie möchten gut essen und dabei die Karlsbrücke in ihrer ganzen Pracht vor Augen haben? Dafür steht entlang dem Kleinseitner Moldau-Ufer eine ganze Reihe von Restaurants zur Auswahl.
Zu den Lokalen in tollster Lage zählt auf jeden Fall das **Hergetova Cihelna** **1** (Cihelná 2b, T 296 82 61 03, www.cihelna.com, tgl. 11.30–1 Uhr). Fantastische Blicke gewährt auch das gutbürgerliche Gasthaus **Čertovka** **2** (U Lužického semináře 24, T 257 53 22 05, www.certovka.info, tgl. 11.30–24 Uhr). Tische mit Ausblick unbedingt reservieren!
Für einen herzhaften Koffeinschub und Snacks ist im **Café Montmartre** **3** (Retezová 7, T 601 36 41 37, tgl. 14–22 Uhr) gesorgt.

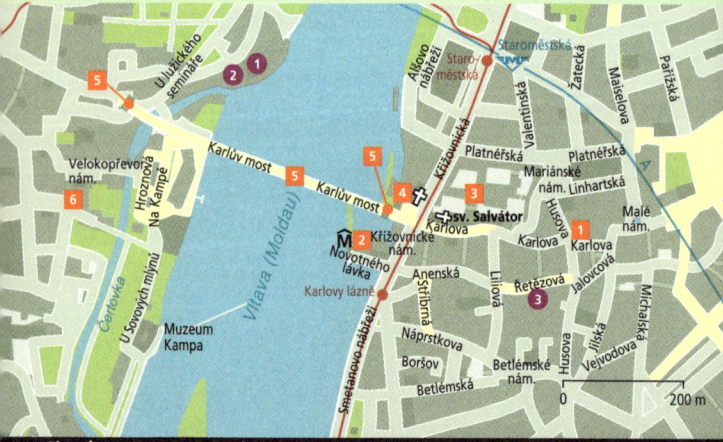

Cityplan: Karte 2, C–E 5 | **Metro A:** Staroměstská

Im Zentrum der Gegenreformation

Wo sich die Karlsgasse ein wenig weitet, erhebt sich rechts das **Klementinum** `3`, jener gewaltige, 2 ha große Gebäudekomplex, der über 200 Jahre lang das Machtzentrum der Gegenreformation bildete. Das einstige Collegium der Jesuiten umfasst drei Kirchen, Wohn- und Studientrakte, eine Schule, eine Druckerei, ein Theater und den Astronomischen Turm. In der Bibliothek sind insgesamt über 5 Mio. Bänden untergebracht. Der barocke Bibliothekssaal ist öffentlich zugänglich und ein Werk Kilian Ignaz Dientzenhofers.

Die Karlsbrücke

Über die Karlsbrücke

Am Kreuzherrenplatz, der die Karlova zur Moldau hin abschließt, sehen Sie rechter Hand die im 13. Jh. durch Agnes von Böhmen gestiftete **Franziskuskirche** `4` und schräg gegenüber die zum Klementinum gehörige **Salvatorkirche**. In der Mitte wacht seit 1848, als man das 500-jährige Gründungsjubiläum der Karlsuniversität feierte, Karl IV. über das Verkehrstreiben.

Eine kurze Verbeugung vielleicht vor **Bedřich Smetana,** der ein Stück weiter links direkt am Fluss überlebensgroß in Bronze gegossen hinauf zum Hradschin grüßt. Dann aber endlich die weltberühmte **Karlsbrücke** `5`: Wie kein zweites Gebäude verkörpert sie das romantische Prag und wird dementsprechend viel fotografiert und begangen: 520 m weit und 10 m breit, verbindet sie mit ihren 16 Bögen über die Moldau hinweg Altstadt und Kleinseite. An ihrer Stelle existierte bereits Mitte des 12. Jh. eine steinerne Brücke. Nachdem diese einem Hochwasser zum Opfer gefallen war, befahl Karl IV. 1357 den Neubau, an dem maßgeblich Dombaumeister Peter Parler beteiligt war. Den Namen ›Karlsbrücke‹ erhielt sie jedoch erst viel später. Bis 1870 hieß sie schlicht ›Steinbrücke‹ (Kamenný most).

Seinen besonderen Zauber verdankt das Bauwerk, das seit langem schon Fußgängern vorbehalten ist, der Allee aus 30 Heiligenstatuen. Auch sie gehörten nicht zum Grundinventar der Brücke, sondern wurden großteils im 18. Jh. als Schenkungen verschiedener Klosterorden aufgestellt. Bei den meisten Statuen handelt es sich mittlerweile um Repliken (Originale im Lapidarium des Nationalmuseums im Stromovka-Park ▶ S. 84, www.nm.cz).

Backe, backe, Brücke: Ein gerne zitierter Mythos besagt, dass dem Mörtel der Karlsbrücke Eier beigemischt wurden, um ihn fester und belastbarer zu machen. Spätestens seit 2009 steht jedoch fest, dass diese Überlieferung ins Reich der Fantasie gehört, denn im Rahmen der Rekonstruktionsarbeiten wurde das Baumaterial analysiert. Allerdings wurden dem ›römischen Mörtel‹ Quark und Wein beigemischt. Wie auch immer die genaue Rezeptur lautete: Sie hat die Brücke robust gemacht, denn über die Jahrhunderte überstand das Bauwerk immer wieder schwere Überschwemmungen.

Die Farben der Freiheit: Die heutigen Graffiti der John-Lennon-Mauer sind großteils nach dem Hochwasser von 2002 angefertigte Remakes.

Begrenzt wird die Karlsbrücke an beiden Enden von prächtigen **Türmen,** die anfänglich zugleich Wehr- und Repräsentationsfunktion hatten und beide besteigbar sind. Der an der Altstädter Seite wird häufig als ›schönster‹ Turm Europas bezeichnet. Sein plastischer Schmuck stammt wahrscheinlich von der Parlerhütte und ist ein Meisterwerk gotischer Bildhauerkunst. Der Turm an der Kleinseite besteht genau genommen aus zweien. Der höhere wurde 1464 errichtet, der niedrigere war Bestandteil der ursprünglichen, der ›Judithbrücke‹, und ist über 800 Jahre alt.

Reif für die Kampa

Zum Abschluss sollten Sie die steilen Treppen zur sogenannten Kampa hinabsteigen. Das Inselchen wird durch den **Teufelskanal** (Čertovka) von der Kleinseite getrennt und war bis ins 16. Jh. mit Ausnahme einiger Mühlen unbebaut. Heute umsteht in seinem Nordteil ein entzückendes Häuser-Ensemble, vom Volksmund ›Klein-Venedig‹ genannt, den Kampa-Platz. Hier haben sich in den letzten Jahren einige kreative Design-Läden und nette Cafés angesiedelt.

Bleibt noch Zeit für einen Abstecher über den Bach zur **John-Lennon-Mauer** 6 auf den Großprioratsplatz (Velkopřevorské náměstí)? Der Musiker war zeitlebens nie in Prag, dennoch ist sein Name auf ganz besondere Art mit der Stadt verknüpft. Jahre nach seiner Ermordung 1980 malten Unbekannte das Portrait der Pop-Ikone an die Wand. Als die kommunistische Verwaltung das ungeliebte Symbol entfernen wollte, geriet sie über Kreuz mit den Non-Konformisten. Immer wieder wurde die Wand mit Zitaten aus Beatles-Liedern und systemkritischen Parolen bemalt. Der Prager ›Lennonismus‹ war geboren.

Die John-Lennon-Mauer auf dem Kleinseitner Großprioratsplatz erinnert an den in den 1980er-Jahren tobenden Kampf um Symbole. Ursprünglich eine Erinnerungsstätte für den pazifistischen Popstar, entwickelte sich der Ort zu einem Forum der Klagen gegen die Obrigkeit. Regelmäßig wurden damals die Künstler von der Polizei verhaftet, ihre Bilder übertüncht.

An den Hebeln der Macht – **die Prager Burg**

Sie ist Sitz des Staatspräsidenten, Brennpunkt der nationalen Geschichte und beispielloser Schrein der Kunst. Die Rede ist – Sie erraten es – von Pražský hrad: Die Prager Burg ist ein Wahrzeichen, das Sie sich auch bei einem Kurztrip nicht entgehen lassen dürfen!

Seit das Herrschergeschlecht der Premysliden um das Jahr 1000 auf dem Hügelrücken über dem linken Moldau-Ufer eine erst noch hölzerne Burg gründete, werden die Geschicke der Tschechen maßgeblich auf dem Hradschin bestimmt. Die Besichtigung des riesigen Komplexes gleicht einem Spaziergang in die Vergangenheit: Kunst-

Zauberstunde an einem Spätnachmittag: Der Blick auf die zart beleuchtete Teynkirche vor der Burg und dem St.-Veits-Dom auf dem Hradschin.

Den Sinn für das Schöne schulen: Wo könnte man dies – nicht nur als Kunststudent – besser als im St.-Veits-Dom?

schätze, Baustile, Paläste, Kirchen und Gärten aus über 1000 Jahren reihen sich hier aneinander. Für den Rundgang in der Burg benötigen Sie kein Ticket, sehr wohl aber für den Eintritt in die historischen Sehenswürdigkeiten und Museen (▶ S. 40, S. 80)

Im nationalen Heiligtum der Tschechen

Den baulichen und geistigen Mittelpunkt des Areals bildet der **St.-Veits-Dom** 1. In dem mächtigen Bauwerk wurden über 30 Könige gekrönt und 15 von ihnen liegen dort begraben. Sie erreichen den Dom für gewöhnlich vom Hradschiner Platz im Westen kommend durch das von kämpfenden Giganten bekrönte Prunkgitter, den Ersten Ehrenhof, das Matthiastor und den Zweiten Burghof. Den Grundstein für diesen überwiegend gotischen Bau legte Böhmens König Karl IV. im Jahr 1344. Seine wichtigsten Baumeister waren Matthias von Arras und Peter Parler.

Höhepunkte der ungemein reichen Ausstattung sind im Chor der silberne **Reliquienaltar des Hl. Nepomuk,** an der Nordseite die **Alte Sakristei** mit ihren herrlichen Gewölben, ihr gegenüber die **Heiligkreuz-** und **Maria-Magdalena-Kapelle,** zwischen beiden das **Wladislawsche Oratorium** sowie, wieder an der Südseite, die **Wenzels-kapelle.** Sie ist mit mehr als 1300 Edelsteinen verziert und birgt die sterblichen Überreste des böhmischen Fürsten und Landespatrons. Hier ruhen u. a. Wenzel IV., Rudolf II. oder Karl IV. mit seinen vier Frauen. Ein heimliches Highlight des Doms ist das von Alfons Mucha gestaltete **Fenster** in der dritten Kapelle.

Nach Ihrem Rundgang verlassen Sie den Dom durch das Hauptportal an der Westseite und wandern gegen den Uhrzeigersinn durch die Burghöfe. Dabei passieren Sie die **Alte Propstei** 2, dann die gotische Reiterstatue des hl. Georg und stehen schließlich vor dem Südportal. Durch diese berühmte, von venezianischen Meistern verzierte **Goldene Pforte** (Zlatá brána) pflegten die Könige auf ihrem Weg aus der Altstadt kommend den Dom zu betreten.

Königspalast und Georgskloster

Unerlässlich ist als nächstes ein Besuch des **Alten Königspalastes** 3. Insbesondere den Wladis-law-Saal sollten Sie sich nicht entgehen lassen. In dem 62 m langen, von kunstvoll verschlungenen Netzrippen überwölbten Raum wurden früher die Könige und seit 1934 die Präsidenten der Republik gewählt. Hier fanden Landtagssitzungen und Reitturniere statt. Im Untergeschoss des angrenzenden Traktes dokumentiert ein Museum multimedial die Geschichte der Burg. Garantiert nicht langweilig!

An der Ostseite des zentralen Hofes erhebt sich die **St.-Georgs-Basilika** 4, der älteste Sakralbau auf dem Hradschin. Hinter seiner in der Barockzeit vorgesetzten rot-gelben Fassade verbirgt sich ein wunderbar schlichter Innenraum, der noch den reinen Geist der Romanik verströmt. Das angrenzende, im Kern mehr als 1000 Jahre alte Kloster beherbergte bis vor ein paar Jahren im Kreuzgang und Obergeschoss ein hervorragendes Ensemble böhmischer Malerei und Bildhauerkunst des 19. Jh. Ein beträchtlicher Teil dieser Sammlung ist heute im **Palast Salm** 5 gegenüber vom Haupteingang untergebracht.

Nach dem ausführlichen Rundgang durch das Innere des St.-Veits-Doms sollten Sie den knapp 100 m hohen Hauptturm der Kathedrale erklimmen. Die Mühe der beinahe 300 Stufen wird durch ein atemberaubendes Stadtpanorama und den faszinierenden Nahblick in das über 400 Jahre alte Uhrwerk mehr als wettgemacht (April–Okt. 10–18, Nov.–März bis 17 Uhr).

Ein filmreifes Spektakel ist die Wachablöse auf der Prager Burg, die zu jeder vollen Stunde stattfindet und zu Mittag besonders spektakulär ist. Einen Beitrag zu diesem Schauspiel lieferte ein echter Oscar-Preisträger. Die Uniformen wurden nämlich im Jahr 1990 von Miloš Formans Kostümbildner Theodor Pištěk entworfen. Und der sorgte unter anderem im Film »Amadeus« für zeitgemäße Kostümierung der Schauspieler.

Kann denn Gässchen golden sein?

Ein Abstecher führt uns an die Nordseite zum **Pulverturm** 6 (Mihulka) mit einer interessanten Dauerausstellung über das Hussitentum. Dann geht es ins berühmte **Goldene Gässchen** 7, das Sie tagsüber nur mit dem Sammelticket besuchen können (mein Tipp: Nach 17 Uhr ist der Eintritt kostenlos, und es ist ruhiger). Der schmale, kopfsteingepflasterte Teil im nordöstlichen Winkel der Burg ist der Inbegriff des malerischen, mittelalterlichen Prag. In den 24 winzigen Häusern sollen sich einer

INFOS/ÖFFNUNGSZEITEN

Sie gelangen auf den Hradschin zu Fuß von der Metrostation Malostranská (Linie A) über die Alte Schlossstiege oder die Nerudova, oder mit der Straßenbahn 22 bis Station Pražský hrad, von dort über die Pulverbrücke, oder bis Pohořelec und bergab durch die Loretánska.
Informationen unter www.hrad.cz, Tickets für die historischen Orte, Veranstaltungen und Führungen am Burggelände im **Infozentrum im Dritten Burghof,** Eintrittskarten tgl. 9–17, winters bis 16 Uhr auch im Zweiten Burghof neben der Heilig-Kreuz-Kapelle. Manchmal ist die Warteschlange hier kürzer. Ticketpreis 250 Kč.
In der Sommersaison (April–Okt.) ist das Areal der Burg 6–22 geöffnet, die Gebäude 9–17 Uhr, im Winterhalbjahr 6–22 Uhr (Burg) und 9–16 Uhr (Sehenswürdigkeiten).

Burgmuseum im Alten Königspalast 3: extra 140 Kč
Palast Salm 5: Hradčanské náměstí 2, Di–So 10–18, Mi bis 20 Uhr, www.ngprague.cz, 300 Kč
Pulverturm 6: tgl. 9–17, Winter bis 16 Uhr, 70 Kč

KULINARISCHES FÜR ZWISCHENDRIN

Für eine kleine Stärkung zwischendurch empfiehlt sich das charmante **Café im Palais Lobkowitz** 1 (T 233 35 69 78, tgl. 10–18 Uhr). Vom Balkon genießen Sie einen der schönsten Blicke über die Stadt.
Ihren Durst stillen Sie nach dem Kulturspaziergang ganz nach Prager Art im urigen **Pivnice U Černého vola** 2 (Loretánské náměstí 1, T 606 62 69 29, tgl. 10–22 Uhr), nur wenige Minuten von der Burg entfernt, einer authentischen Bierhalle mit exzellentem Fassbier.

Cityplan: B/C 4 | **Metro A:** Malostranská

In Prags Altstadt liegt Musik in der Luft.

verbreiteten Legende nach die Alchemisten des Kaisers Rudolf II. an der Herstellung von Gold versucht haben. Diese Geschichte gehört allerdings wohl ins Reich der Fantasie, da die Gasse ihren Namen den Goldschmieden verdankt, die hier neben den Burgwachen und anderen Handwerkern unter ärmlichen Bedingungen ihr Dasein fristeten. 1916/17 lebte **Franz Kafka** im Haus Nr. 22.

Tusch für ein museales Finale

Eine Pflichtstation für Freunde Alter Meister stellt das **Palais Lobkowitz 8** dar. Der Namensvetter des Palastes unten an der Vlašská stammt in seiner heutigen Form mit den schönen Sgraffiti großteils aus dem 17. Jh. In seiner Dauerausstellung sehen Sie Werke von Breughel, Velazquez, Canaletto, Originalautografe von Mozart und Beethoven.

Wir beschließen unseren Spaziergang und kehren am Rückweg im Zweiten Burghof noch in der **Burggalerie 9** ein. In ihr werden die Reste der nach dem Dreißigjährigen Krieg in alle Winde zerstreuten Gemäldesammlung Rudolfs II. ausgestellt (u. a. Tizian, Tintoretto, Veronese, Rubens).

FENSTER-STURZ

Fast schon sprichwörtlich ist die historisch überlieferte Sitte des Prager Adels, sich unliebsamer Herrscher durch ein geöffnetes Fenster zu entledigen. Immerhin kam es auf der Prager Burg gleich zwei Mal zu Fensterstürzen. Glück gebracht hat dieses Aufbegehren den Pragern weder im Jahr 1419 noch 1618. Beim zweiten Mal überlebten zwar die aus dem Fenster Geworfenen, der Eklat führte aber zum Ausbruch des Dreißigjährigen Krieges, eines der blutigsten Konflikte der Geschichte.

→ UM DIE ECKE

Zu Recht zählt die Prager Burg zu den beliebtesten Sehenswürdigkeiten der Moldaustadt – entsprechend viele Besucher hat sie. Kommen Sie deshalb besser bereits um 10 Uhr morgens oder am späteren Nachmittag. Auf seltsame Weise ruhig wird es auch an Sommerwochentagen. Haben Sie genug vom Rummel auf der Burg? Dann entspannen Sie sich im **Nový Svět.** Mit seinen engen, verträumten Gässchen zählt es zu den absoluten Geheimtipps im Stadtteil Hradschin.

#6

Adel wandelt Lust –
die Kleinseitner
Palastgärten

Brummt Ihnen von der Besichtigung der Prager Burg der Kopf? Dann gibt es keinen besseren Ort für einen entspannenden Spaziergang als die traumhaften Grünanlagen im Schatten der Burg. Im Königlichen Garten im Norden und in den stadtseitig gelegenen Palastgärten lässt sich durchatmen und an der raffinierten Landschaftsarchitektur ergötzen.

Aristokratischem Repräsentationswillen verdanken die heutigen Prager zahlreiche grüne Lungen im Innenstadtbereich.

Sparen Sie sich viele Höhenmeter und das Auf und Ab über lange Stiegen und flanieren Sie zunächst genüsslich durch den **Königlichen Garten** (Královská zahrada). Er erstreckt sich auf gleichem Niveau wie das Burgareal, wurde Mitte des 16. Jh. unter Ferdinand I. angelegt und von Rudolf II.

kunstvoll ausgestaltet. Schon zur Zeit seiner Entstehung sorgte seine exotische Bepflanzung für Aufsehen. So konnte man hier viele mediterrane Gewächse, etwa die sagenhaften Tulpen aus dem Osmanenland, erstmals diesseits der Alpen blühen sehen. Der **Eingang** **1** liegt, vom Zweiten Burghof aus über die Pulverbrücke mit wenigen Schritten erreichbar, nördlich des Hirschgrabens gegenüber der ehemaligen **Reitschule** **2** (Jízdárna). Vorbei am **Ballhaus** (1567–69) und der Orangerie gelangen Sie entlang der akkurat gepflanzten Blumenrabatten zum **Belvedere** **3**. Das Lustschloss der Königin Anna, von dem aus Sie einen herrlichen Blick auf die Stadt genießen, gilt als bedeutendster Renaissancebau Prags und wurde jüngst auf Hochglanz renoviert. Lauschen Sie mal dem ›singenden‹ Brunnen an seiner Westseite.

Auf dem Rückweg bietet sich ein Abstecher in den meist ruhigen **Basteigarten** **4** (Na Baště) mit seinem netten Café an. Dann geht es, vorbei an Burghaupttor und Masaryk-Denkmal zur neuen Schlossstiege (Zámecké schody) und dort links ab in den **Paradiesgarten** **5** (Rajská zahrada), der nahtlos in den **Hartig-** und schließlich in den **Wallgarten** **6** (Na Valech) übergeht. Sie alle entstanden Anfang des 16. Jh. anstelle der damals militärisch überflüssig gewordenen Wälle und wurden in den 1920er-Jahren von Jože Plečnik umgestaltet.

Barocke Gartenparade

Aus gartenarchitektonischer Sicht spannender als die Burggärten sind freilich die angrenzenden Palastgärten. Schon zur Renaissancezeit hatten die reichen Adelsfamilien an den Abhängen des Hradschin Gärten angelegt. Nach deren Verwüstung durch die Schweden im Jahr 1648 wurden sie komplett neu gestaltet. Diesmal aber von mehrheitlich italienischen Architekten im nun fashionablen Barockstil auf steilen Terrassen mit Treppen, Bögen, Galerien, Pavillons, Orangerien, Glorietten und reichem Skulpturenschmuck. Seit dem 19. Jh. verfielen auch diese Anlagen, am Ende des Kommunismus waren sie völlig desolat. 1990 gründeten Václav Havel und Prince Charles gemeinsam eine gut dotierte Stiftung, die alle Gärten getreu alten Stichen rekonstruieren und auch den barocken Originalen gemäß exotisch

Versteckt und vom Touristenrummel unbemerkt schlängelt sich durch den **Hirschgraben** (Jelení příkop) ein Spazierweg zur Burg hinauf, der bei Einheimischen höchst beliebt ist. Seine Geschichte liest sich abenteuerlich: Unter Karl IV. diente der Hirschgraben schon als Wildgehege. Unter Rudolf II. verwandelte er sich in eine Art Tierpark. Es wurden dort angeblich Bären und auch viele exotische Tiere gezüchtet, darunter wohl sogar Löwen. Aber keine Bange: Heute begegnen Sie auf diesem herrlichen Spazierweg allerhöchstens gelegentlich einem wilden Eichhörnchen.

bepflanzen ließ. So wandern Sie heute staunend vom **Ledebour- 7** in den **Kleinen 8** und **Großen 9 Pálfy-Garten** und treppauf, treppab weiter durch den **Kolowrat- 10** in den **Fürstenberg-Garten 11** und genießen dabei immer wieder die fulminanten Blicke über die Stadt.

INFOS/ÖFFNUNGSZEITEN

Die **Burggärten** – der königliche und der Basteigarten im Nordwesten sowie der Paradies- und Wallgarten im Süden – sind frei zugänglich: April–Okt. tgl. 10–18 Uhr **Palastgärten** unterhalb der Burg (Ledebour, Kleiner und Großer Pálffy, Kolowrat, Kleiner Fürstenberg): geöffnet Mai–Sept. 10–19, April, Okt. bis 18 Uhr, 90 Kč, Zugang über Valdštejnská 12–14, Valdštejnská nám. 3 oder über den Wallgarten
Großer Fürstenberg-Garten 11 (Velká Fürstenbergská zahrada): Juni, Juli tgl. 9–21, Mai, Aug., Sept. 10–19, April, Okt. 10–18 Uhr, gesonderte Tickets um 50 Kč
Waldstein-Garten 12: Eingang Letenská, Juni–Okt. tgl. 7–17.30 Uhr, Eintritt frei
Reitschulgebäude 13: Valdštejnská 3, Di–So 10–18 Uhr, 220 Kč
Vojan 14 (Vojanovy sady): Eingang U Lužického semináře, ganzjährig tgl. 8 Uhr bis Einbruch der Dunkelheit, Eintritt frei

Botanischer Garten 16 (Botanická zahrada): Nádvorní 134, Prag 7, www.botanicka.cz, Metro C: Nádraží Holešovice, ab da Bus Nr. 112, März–Okt. 9–19, Nov.–Febr. 9–16 Uhr, 100 Kč

KULINARISCHES FÜR ZWISCHENDRIN

Nach Besichtigung der Hanggärten lädt die **Villa Richter 1** zu einer Pause ein. Rund um das oberhalb der Alten Schlossstiege (Staré zámecké schody) thronende, klassizistische Anwesen hat man die hier schon im frühen 10. Jh existierenden Weingärten neu gepflanzt. Ein Weinbistro bietet unter einer Pergola Snacks, gepflegt speisen Sie auf der Piano Terra nebenan und im Gourmetrestaurant (alle T 702 20 51 08, tgl. 11–23 Uhr).
Wer es lieber urig, zünftig und günstig mag, nimmt noch einen kurzen Fußmarsch auf sich bis zur **Ferdinanda 2**, einer bei Einheimischen beliebten Bierstube im Kellergewölbe (Karmelitská 18, www.ferdinanda.cz, Mo–Sa 11–23 Uhr).

Cityplan: B/C 4/5 | **Metro A:** Malostranská

Waldstein-Garten und Vojan-Park

Den prunkvollen **Waldstein-Garten** 12 (Valdstejnská zahrada) unten im Tal ließ Herzog Albrecht von Wallenstein, der berühmt-berüchtigte Generalissimus des Dreißigjährigen Krieges, 1623–29 als Ergänzung zu seiner kolossalen Residenz anlegen. Aus dem Labyrinth von strikt geometrischen Hecken, Kieswegen und Blumenbeeten ragen eine künstliche Grotte, ein Venusbrunnen und eine Reihe von Bronzestatuen griechischer Götter heraus. In der mit Szenen aus dem Trojanischen Krieg freskierten Sala terrana finden im Sommer Konzerte statt. Vielleicht wollen Sie bei der Gelegenheit den **Waldstein-Palast** auch von innen besichtigen? Immerhin tagt in diesem seinerzeit ersten monumentalen Profanbau im Barockstil heute der tschechische Senat. Im dazugehörigen **Reitschulgebäude** 13 veranstaltet die Nationalgalerie regelmäßig Sonderausstellungen.

Nur eine Gasse näher zur Moldau liegt der Eingang in den ältesten Garten Prags – den Mitte des 13. Jh. als Teil des damaligen Bischofshofes angelegten **Vojan-Park** 14. Er wurde im 17. Jh. dem Konvent der Karmeliterinnen angegliedert, im frühen 19. Jh. zu einem englischen Landschaftsgarten umgestaltet und 1919 verstaatlicht. Im Schatten seiner Obstbäume und Weiden stehen gelegentlich moderne Skulpturen über die Wiese verstreut.

Nicht nur Blues: Avatare machen erstaunliche Begegnungen im Prager Grün.

Stolz und Eitelkeit zählen nach katholischem Dogma zu den sieben Todsünden. Diesem Weißen Pfau im Waldstein-Garten kann man sie freilich nicht zum Vorwurf machen. Er folgt nur seinem Instinkt und ist somit arglos schön.

→ UM DIE ECKE

Nur wenige Minuten von den prächtigen Barockgärten entfernt beeindruckt die **Nikolauskirche** 15 mit ihrer 80 m hohen Kuppel. Das von den Jesuiten finanzierte, von Vater und Sohn Dientzenhofer gestaltete Gotteshaus ist ein Symbolbau der Gegenreformation und mehr noch des Prager Hochbarock. Mit seiner gewölbten Fassade, der Kuppel und dem Glockenturm prägt das Bauwerk die Silhouette der Kleinseite. Das Deckenfresko von Johann Lukas Kracker zeigt auf einer Fläche von kolossalen 1500 m² Stationen im Leben des Kirchenpatrons. Unvergleichlich schön ist auch der Ausblick vom Glockenturm, der in kommunistischen Tagen den Spitzeln zum Beschatten westlicher Botschaften diente.

Dem Grünen die Krone setzt im Stadtteil Troja, nahe dem gleichnamigen Schloss und gleich neben dem Zoo, Prags **Botanischer Garten** 16 (Botanická zahrada) auf. Hier finden Pflanzenliebhaber ihr absolutes Eldorado. Ob tropisches Gewächshaus oder mexikanische Kakteenwüste, ob historischer Weinberg, Pfingstrosenwiese oder Japanischer Garten – für ständiges Staunen ist gesorgt.

Idylle mit Aussicht –
Hradschin-Vorstadt und Petřín

Am Anfang steht eine Traumaussicht. Einen nächsten Höhepunkt setzt Alte Kunst vom Allerfeinsten, bevor es geradezu ländlich wird beim Spaziergang durch die malerische Neue Welt hinüber auf den Petřín. Und Kloster Strahov besticht durch seine erhabene Lage und barocke Pracht.

Von der Masaryk-Terrasse dieser grandioser Blick: Ein Meer aus rostroten, ineinander verschachtelten Dächern, Giebeln und Gauben liegt Ihnen zu Füßen, daraus hervorragend Kirchtürme und -kuppeln, dazwischen üppiges Grün und im Hintergrund die Altstadt mit Fluss – nirgendwo erscheint Prag in seiner Gesamtheit pittoresker.

Fast wie im Traum: der Blick vom Hradschin auf die florentinisch anmutende Fassade des Palais Schwarzenberg und das hell erleuchtete Strahov-Kloster

Das einzige Rembrandt-Original in einer tschechischen Sammlung kehrt nach aufwendiger Restaurierung auf seinen angestammten Platz in der Nationalgalerie im Palais Sternberg zurück.

D
DEJA-VU

Sie mögen glauben, Sie seien im falschen Film, wenn Sie die Loreto-Kapelle betreten. Steht genau diese Anlage nicht eigentlich im italienischen Ancona? Und in der Tat: Der italienische Baumeister Giovanni Batista Orsi hat sie schon 1626 dem südlichen Original nachempfunden.

Wenden wir uns zunächst zwei kostbaren Sammlungen Alter Meister zu. Im **Palais Sternberk** 1, dem schönen Barockpalast links hinter dem Erzbischöflichen Palais, gibt sich die Hautevolee der europäischen Malerei, von frühen Florentinern und Venezianern über Cranach, Baldung Grien, Tintoretto, Tiepolo, Goya, El Greco bis Rembrandt, Rubens, Brueghel und Ruysdael ein Stelldichein (Achtung: 2021/22 temporär wegen Umbauarbeiten geschl.). Im **Palais Schwarzenberg** 2, dem dreiflügeligen, reich mit Sgraffito verzierten Renaissance-Komplex gegenüber, hat die Sammlung »Barock in Böhmen« der Nationalgalerie auf Dauer ihr Zuhause. Ergänzt werden die Bestände durch manieristische Werke der Spätrenaissance.

Neue Welt und doppeltes Loreto

Kunstgestärkt spazieren Sie vom Hradschiner Platz nach Westen und rechts ab in die **Neue Welt** (Nový Svět). Wie eine Insel im Strom der Zeit mutet dieser stille Winkel an. Kein Wunder, dass sich in seinen poetischen Häuschen in letzter Zeit zusehends Künstler und Studenten einquartieren.

Zwei Baudenkmäler in der Nähe fallen besonders ins Auge: das monumentale **Palais Czernin** 3, hinter dessen 15 m langer Fassade das Außenministerium seine Fäden zieht, und das **Loretoheiligtum** 4 gegenüber. Diese berühmteste Marienpilgerstätte der Stadt ist ein typisches Produkt der Gegenreformation und ein Juwel des Prager Barock. Sie wurde 1626, nur wenige Jahre nach dem Sieg der Katholiken bei der Schlacht am Weißen Berg, von einer Gräfin Lobkowitz begründet und wegen steigender Wallfahrerzahlen bis 1750 nach und nach ausgebaut. Die üppigst ausgestattete Christi-Geburt-Kirche ist ein Werk von Vater und Sohn Dientzenhofer. In ihrem Turm lässt ein berühmtes Glockenspiel tagsüber jede volle Stunde ein Marienlied erklingen. Das Herz der Anlage bildet die Casa Santa, eine Nachbildung derjenigen aus dem italienischen Loreto. Glanzstück der einzigartigen Schatzkammer ist eine mit mehr als 6000 Edelsteinen besetzte Diamanten-Monstranz.

Barockjuwel Strahov

Überqueren Sie nun die Brandstätte (Pohořelec) Richtung Südwesten, stehen Sie vor einer der Wiegen mittelalterlicher Kultur im Prager Raum, dem **Strahov-Kloster** 5 (Strahovský). Dieses 1143 gegründete und damit zweitälteste Mönchskloster Prags besticht nicht nur durch seine erhabene Lage über den Gärten und Dächern der Stadt, sondern auch durch eine im 17./18. Jh. hinzugefügte barocke Extras. Das Ticket gewährt Ihnen die Besichtigung von Kreuzgang, Kapitelhof, der beiden Refektorien, der qualitätvollen Bildergalerie und, vor allem, der beiden Bibliotheksräume. Sonderführungen (vorab anmelden!) umfassen zusätzlich den Klostergarten und die reich stukkierte Mariä-Himmelfahrts-Kirche mit dem Grab des hl. Norbert, Gründer des Prämonstratenserordens.

INFOS/ÖFFNUNGSZEITEN

Palais Sternberk 1 und **Palais Schwarzenberg** 2: www.ngprague.cz, beide Di–So 10–18, jeweils 220 Kč
Loreto 4: www.loreta.cz, April–Okt. tgl. 9–17 Uhr, sonst 9.30–16 Uhr, 180 Kč
Strahov-Kloster 5: www.strahovsky klaster.cz, tgl. 9–12, 13–17 Uhr, Kasse im Hof. Bibliothek 150 Kč, Galerie 150 Kč
Aussichtswarte 6 und **Spiegellabyrinth** 7 (Bludiště). April–Sept. tgl. 10–22, März, Okt. bis 20, Nov.–Febr. bis 18 Uhr, 120 bzw. 90 Kč
Sternwarte 8: www.observatory.cz, April/Mai Di–Fr 14–19, 21–23, Sa/So 11–19, 21–23, Juni–Aug. zusätzlich auch Mo, März u. Okt. Di–Fr 19–21, Sa/So 11–18, Nov.–Febr. Di–Fr 18–20, Sa/So 11–20 Uhr, 90/70 Kč
Standseilbahn Lanovka 9: www.dpp. cz, tgl. 9–23.20 Uhr alle 10–15 Min.
Kinský-Sommerpalais mit Ethnografischem Museum 10 (Letohradek Kinskych): www.nm.cz, Di–So 10–18 Uhr, 70 Kč
Palais Vrtba 11: Karmelitská 18, April–Okt. 10–18 Uhr, 100 Kč
Villa Müller 12: Nad Hradním vodojemem 14, Prag 6, T 224 31 20 12, http:// en.muzeumprahy.cz/villa-muller/, Tram 1, 2, 56: Ořechovka, Besichtigung Di, Do, Sa, So Mai–Sept. 10–17, April, Okt. 9–18 Uhr, nur mit Führung, Beginn jede 2. volle Std.

KULINARISCHES FÜR ZWISCHENDRIN

Kehren Sie am Ende im legendären **Nebozízek** 1 (Petřín, T 602 31 27 39, www.nebozizek.cz, tgl. 11–23 Uhr, Hauptspeisen ab 250 Kč) oder schon gleich zu Beginn im **Schwarzen Ochsen** 2 (U Černého vola; Loretánské náměstí 1, T 606 62 69 29, tgl. 10–22 Uhr) ein. **Kloster Strahov** 3 hat einiges im kulinarischen Angebot mit dem geräumigen **Klosterrestaurant** (tgl. 10–22 Uhr, ab 200 Kč) und den Gourmettempeln **Hölle** (Peklo, tgl. 12–23 Uhr, ab 320 Kč) und **Bella vista** (tgl. 11–24 Uhr, ab 280 Kč).

Wenn der Obstgarten am Petřín im Frühling in voller Blüte steht, lässt sich kaum ein romantischeres Fleckchen Erde denken. Und im Spätsommer dürfen Sie sich nach Lust und Laune am Obst der über 200 Bäume bedienen.

Rozhledna wurde 1891 anlässlich der Prager Industrieausstellung erbaut. Mit 60 m Höhe ist die Aussichtswarte auf dem Petřín-Hügel eine Miniaturausgabe ihres Pariser Vorbilds.

Es grünt so Petřín

Durch einen schmalen Mauerdurchbruch unterhalb des Klosters gelangen Sie nun über eine Treppe, dann über einen Pfad und ein Asphaltsträßchen hinauf zum Petřín. Die Prager lieben ihn, diesen 327 m hohen, bewaldeten Hügelrücken. Ob sie im Sommer der Hitze oder dem unten im Stadtzentrum gar nicht so seltenen Smog entfliehen wollen, ob sie sich nach Herbsturlaub oder jungfräulichem Schnee unter den Füßen sehnen oder ganz einfach aus luftiger Höhe am unvergleichlich charmanten Dekolleté ihrer Heimatstadt ergötzen wollen: Ein Spaziergang über den bis heute weitgehend unverbauten Laurenziberg, wie er auf Deutsch-Pragerisch heißt, gilt als klassisches Sonntagsvergnügen.

Hier oben, mitten im Grünen, entstand 1891 anlässlich der Prager Industrieausstellung eine eiserne **Aussichtswarte** 6, die dem Eiffelturm nachempfunden wurde. Unmittelbar anschließend erstreckt sich jene **Hungermauer** (Hladová zed'), die Karl IV. vor gut 640 Jahren bauen ließ, um den Armen Arbeit zu verschaffen; wenig später ein kleines, vor allem für Kinder sehr amüsantes **Spiegellabyrinth** 7 (Bludiste), ein Rosengarten, das barocke, blaue Laurentiuskirchlein und schließlich die **Sternwarte** 8 (Hvězdárna).

Fertig? Nicht ganz ...

Kehren Sie zum Abschluss im berühmten Ausflugslokal **Nebozízek** 1 ein, um auf dessen Terrasse oder im neuen Wintergarten die fantastische Aussicht gebührlich einzusaugen und sich mit Schweinsbraten oder Kaffee und Kuchen wieder die auf dem langen Weg verbrauchte Kalorien zuzuführen.

Nun sind es erneut ein paar Schritte hügelan bis zur berühmten **Lanovka** 9, der Standseilbahn, die betulich talwärts rattert Richtung Újezd, die die Kleinseite mit Smíchov verbindet.

Unermüdliche haben jedoch zwei Alternativen für den Abstieg: Nehmen Sie den kürzeren, recht steilen Serpentinenweg (Achtung: Auf halber Höhe, beim Denkmal für den romantischen Dichter Karel Hynek Mácha, haben sich verliebte Paare nach altem Brauch unbedingt zu küssen!) oder den längeren Weg südlich in den **Kinský-Garten,** wo neben dem schönen Baum-

bestand eine karpato-ukrainische **Holzkirche** und das **Kinský-Sommerpalais** 10 mit der Ethnografischen Sammlung des Nationalmuseums einen genaueren Blick lohnen.

Himmlisch: Hinter der Renaissancefassade des **Palais Vrtba** 11 in der Karmelitská 18, ein Stück nördlich der Lanovka-Talstation, zieht sich über drei Terrassen ein Barockgarten den steilen Hügel hinauf, den Kenner zu den schönsten Anlagen ganz Mitteleuropas zählen. Seine bildhauerische Ausstattung schuf Matthias Bernhard Braun, die Wandmalereien für die Sala terrena Wenzel Lorenz Reiner.

Ländliche Idylle mit Blick auf das Herz der Millionenstadt: Im Sommer lässt sich auf dem Petřín, dem Laurenziberg, wunderbar Luft schöpfen – und Schönheit tanken, denn Kleinseite und Kloster Strahov bilden hier die einzigartige Kulisse.

→ UM DIE ECKE

Einen Meilenstein funktionalistischen Bauens stellt die in den späten 1920er-Jahren für den Unternehmer František Müller erbaute **Villa Müller** 12 im Stadtteil Stresovice dar. Die Entwürfe zu diesem weißen Kubus stammen von Karel Lhota und Adolf Loos, dem berühmten Apologeten radikaler Ornamentlosigkeit. Letzterem ist eine kleine Ausstellung gewidmet. Edle Materialien wie Marmor, Walnuss und Mahagoni kennzeichnen die Innenausstattung.

8

Schräg, kritisch, provokant – **ein Galerienspaziergang**

Machen Sie sich auf eine Reise zu einigen von Europas spannendsten Hotspots für zeitgenössische Kunst. Kleine Warnung vorneweg: Für diesen Stadtspaziergang werden wir auch Tram und Metro in Anspruch nehmen. Doch anders, als man vielleicht annehmen könnte, zählen Prags öffentliche Verkehrsmittel zu den Besten in ganz Europa.

Denk- und Sehgewohnheiten sind dazu da, überwunden zu werden. Das DOX Centre hält dabei den Steigbügel.

Wir starten unseren Spaziergang im Prager Stadtteil Holešovice, den Sie am besten mit der Metro C ansteuern. Zu Fuß oder mit Tram 12 oder 24 geht es von hier in die Poupětova, wo in einer alten Fabrikhalle Prags größte Galerie für zeitgenössische Kunst ihr Zuhause hat: das **DOX Centre for Contemporary Art** 1. Schon der 2008 fertiggestellte

Erweiterungsbau ist eine Augenweide für Fans moderner Architektur und wurde mehrfach mit internationalen Preisen bedacht. Seither finden im DOX wechselnde Ausstellungen aus den Bereichen Bildende Kunst, Architektur und Design statt. Dazu kommen spannende Veranstaltungen, wie Tanzperformances oder Vorträge international renommierter Künstler und Wissenschaftler. Wenn Sie mit der Besichtigung der Ausstellungen fertig sind, sollten Sie sich auch das stylische Café, den gut sortierten Shop und vor allem den spektakulären Gulliver-Zeppelin auf dem Dach nicht entgehen lassen.

Homebase für Hacker

Wenn Sie schon in der Gegend sind und sich für Netzkultur und -politik interessieren, empfehle ich Ihnen einen Abstecher in die 5–10 Gehminuten entfernte Dělnická 43: Dort befindet sich Prags erstes und einziges **Bitcoin-Café**. Es ist Teil des ›Instituts für Kryptoanarchie‹, das sich selbst auch **Paralelní Polis** **2** nennt. Aber keine Sorge, Sie betreten hier keine düstere Stube voller zwielichtiger Gestalten, sondern einen hellen, freundlichen Raum, in dem sich Computerbegeisterte und Netzaktivisten über Themen wie Datenschutz, Politik und Sicherheit im Netz austauschen. Willkommen ist hier jeder. Im Keller des Gebäudes befindet sich außerdem ein ›Makerslab‹, in dem auf 3D-Printern Kurioses wie Fahrradhelme in Darth Vader-Look hergestellt werden.

Kupka, Kubišta & Konsorten

Inspiriert von so viel junger Kultur steigen Sie an der Station Dělnická in die Tram Nr. 6 und lassen sich von ihr zur Veletržní bringen. Dann treten Sie ein in den Schrein der tschechischen und internationalen Moderne: den **Prager Messepalast** **3** (Veletržní palác). Das Museum ist allein schon wegen seiner Architektur eine Sensation: Als das Gebäude 1928 eröffnet wurde, war es der weltweit größte Messepalast und galt international als Pionierwerk funktionalistischen Bauens. Von außen mag das Gebäude für unser längst an radikale Schnörkellosigkeit gewohntes Auge nichts Besonderes darstellen. Sein Innenraum aber vermag ob seiner kompromisslosen Eleganz immer noch zu begeistern.

So spektakulär wie die architektonische Hülle sind auch die Schätze, die sie birgt. Seit der Mes-

Im Stadtteil Holešovice liegt auch der **Cross Club** ⚙, ein echter Geheimtipp für alle, die wissen wollen, wo sich zur Zeit die Locals ihre Nächte um die Ohren schlagen: Der Club, ursprünglich durch eine Hausbesetzung entstanden, wurde binnen kürzester Zeit zu einer der angesagtesten Venues für elektronische Musik der Stadt. Wenn Sie tagsüber vorbeikommen, schauen Sie sich mal die spannenden Metallkonstruktionen, Röhren und Maschinenteile an, die über das gesamte Clubgelände verstreut sind. Außerdem bekommen Sie hier im sehr gemütlichen Gastgarten leckere Gerichte zu fairen Preisen.

Als wär's böhmischem Geist entsprungen: Beitrag des chinesischen Künstlers Ai Weiwei zur 220-Jahr-Feier der Nationalgalerie

TECHNO TRIP

Nach dem Kunstge-
nuss im Messepalast
Lust auf einen Blick in
die Wunderwelt der
Technik? Das **Nationale
Technikmuseum** 5
wurde jüngst nach einer
kompletten Neugestal-
tung wieder eröffnet. Es
nimmt Sie mit auf eine
spannende Reise durch
die Geschichte der tsche-
chischen Wissenschaft
und Technik, gegliedert
in Bereiche wie Maschi-
nenbau, Film, Fotografie,
Astronomie, Zeitmessung
und Telekommunikation.
Publikumsmagnet: die
›Transport-Halle‹.

Kostelní 42, www.ntm.cz,
Metro C: Vlatavská, Di–So
9–18 Uhr, 150 Kč

sepalast 1995, zwei Jahrzehnte nachdem eine Feu-
ersbrunst ihn zerstört hatte, wiederhergestellt wurde, beherbergt er die Sammlungen für moderne
und zeitgenössische Kunst der Nationalgalerie. Nirgendwo wird ähnlich gebündelt die immense Kreativität der tschechischen Kunstszene des 19./20. Jh.
augen(ge)fällig. Gleich nebenan die Parade franzö-
sischer Kunst des 19./20. Jh., u. a. mit Werken von
Rousseau, Braque, Monet, van Gogh, Picasso. Nicht
minder großartig sind im ersten Stock die Beiträge
von Klimt, Kokoschka, Schiele, Rodin, Munch, Miró,
Beuys und Konsorten.

Kunstquartier im Szeneviertel

Haben Sie noch Kraft in den Beinen? Dann kommen Sie mit nach Karlín. Das ehemalige Arbeiterviertel ist in den letzten Jahren zu einem Treffpunkt
für Prags junge Hipster- und Kunstszene geworden. Dreh- und Angelpunkt sind die **Karlín Studios**
4, die Sie vom Messepalast ausgehend am Besten
mit der Tram 6 (bis Masarykovo Nádraží) und dann
mit Metro B (von Náměstí Republiky bis Křižíkova)
in etwa 20 Min. erreichen. Auch dieses Kunstquar-
tier hat sich in einer alten Industriehalle häuslich
eingerichtet. Es umfasst eine 500 m² große und
von der FUTURA Galerie kuratierte Ausstellungs-
fläche sowie 17 Studios, die an tschechische und
internationale Künstler für die Dauer von mindestens einem Jahr vergeben werden. Diese Verga-
bepolitik sorgt dafür, dass in den Karlín Studios
die reiche Vielfalt jungen Kunstschaffens vertreten
ist. Nehmen Sie sich Zeit für den Rundgang und
schnuppern Sie zum Abschluss mal in die Gassen
des aufstrebenden Stadtviertels.

*Prag verwöhnt und
betört die Sinne – nicht
nur beim Streetfood-
Festival.*

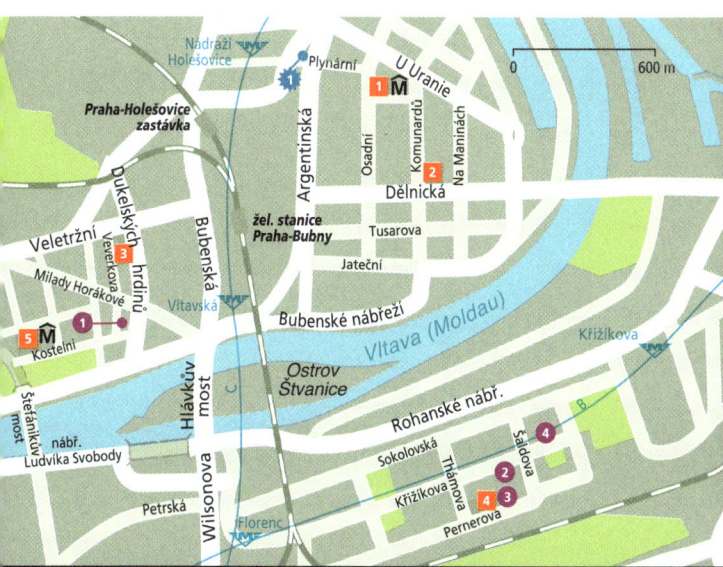

Cityplan: G/H 1–5 | **Metro B:** Křižíkova, **C:** Nádraží Holešovice; **Tram:** s. u.

INFOS/ÖFFNUNGSZEITEN

DOX Contro for Contemporary Art [1]: Poupětova 1, Prag 7, T 295 56 81 23, www.dox.cz, Tram 6, 12, 17, 54: Ortenovo náměstí, Mo, Sa 10–18, Mi, Fr 11–19, Do 11–21, Sa/So 10–18 Uhr, 180 Kč

Paralelní Polis [2]: Dělnická 43, Prag 7, T 702 90 27 64, www.paralelnipolis. cz, Tram 1, 2, 6, 7, 12, 14, 17, 25, 54, 57: Dělnická, Mo–Fr 8–20, Sa/So 12–18 Uhr, Eintritt frei

Prager Messepalast [3]: Dukelských hrdinů 47, Prag 7, T 224 30 11 22, www.ngprague.cz, Tram 5, 6, 17, 52, 53, 54, 56: Veletržní palác, Di–So 10–18, Mi bis 20 Uhr, 220 Kč

Karlín Studios [4]: Prag 8, Křižíkova 34, T 608 95 51 50, www.futura project.cz, Metro B: Křižíkova, Di–Fr 15–18, Sa/So 14–19 Uhr

Cross Club [1]: Prag 7, Plynární 23, T 775 54 14 30, www.crossclub.cz, Metro C: Nádraží Holešovice, Café/Bar: 14–2, Club: ab 18 Uhr mind. bis 4 Uhr, am Wochenende länger

KULINARISCHES FÜR ZWISCHENDRIN

So viel Kunstgenuss macht hungrig! In der Nähe des DOX lohnt das nette Bistro des **Cross Club** (s. o.) – nicht nur wegen der Gestaltung im Steam-Punk-Look. In der Nähe des Messepalasts lockt das entzückende **Bistro 8** [1] (Veverkova 8, Prag 7, T 730 51 19 73, bistro8.cz, Mo–Fr 8–20, Sa/So 10–16 Uhr) mit freundlicher Atmosphäre, tollen Preisen und leckerem Essen.

In Karlin stärken sich kulinarische Globetrotter im **Garage** [2] mit dem klassisch-kanadischen Snack Poutine (Křižíkova 58, Prag 8, T 774 42 72 43, www.poutine.cz, Mo–Fr 11–14 und 16.30–19.30 Uhr).

Für den großen Hunger empfiehlt sich das auf modern-regionale Küche spezialisierte **Eska** [3] (Pernerova 49, Prag 8, T 731 14 08 84, eskakarlin.cz, Mo–Fr 11.30–15, 17.30–23.30, Sa/So 9–23.30 Uhr). Weinfans gehen auf ein Glas ins **Veltín** [4] (Křižíkova 115, Prag 8, T 725 53 53 95, www.veltlin.cz, Mo–Sa 17–23 Uhr).

Großer Auftritt –
**Staatsoper, Stände-
und Nationaltheater**

Den Pragern eilt der Ruf voraus, besonders musikalisch zu sein. Eindrückliches Indiz dafür sind die drei Opernhäuser der Hauptstadt. Einen Abend lang mit Dvořák, Smetana oder Mozart in großen Gefühlen zu schwelgen, belebt garantiert die Sinne.

Prags Staatsoper, auch unter dem Namen Smetana-Theater bekannt, trägt nach außen hin ein klassizistisches Kleid. Innen jedoch erstrahlt üppiges Neu-Rokoko.

Die führenden Künstler des Landes waren an der prächtigen Ausstattung des **Nationaltheaters** **1** (Národní divadlo) am Moldau-Ufer beteiligt. 1881 eröffnet, trug es seinerzeit als ein Symbol der nationalen Wiedergeburt maßgeblich zur Festigung der tschechischen Sprache und Bühnenkünste bei. Bis heute fungiert es als die große, staatstragende Drei-Sparten-Bühne auf höchstem Niveau, mit einem Repertoire, das sowohl klassische Traditionen als auch Zeitgenössisches pflegt.

In dem reizenden, klassizistischen Bau des **Ständetheaters** 2 (Stavovské divadlo) fand am 29. Oktober 1787 die umjubelte Uraufführung von Mozarts »Don Giovanni« statt. Hier waren u.a. Carl Maria von Weber und Gustav Mahler als Kapellmeister tätig, spielte Clara Schumann, dirigierte Richard Wagner und drehte Miloš Forman 1991 Schlüsselszenen seines Films »Amadeus«. Heute zeigt das Haus auch Sprechtheater.

Die **Staatsoper** 3 (Státní opera) wurde 1888 als kulturpolitische Antwort der Deutsch-Prager auf das Nationaltheater der Tschechen eröffnet. Auf die Bühne des von den Wiener Architekten Fellner und Helmer gestalteten Baus kommt auf höchstem Niveau Musikdramatisches des 18.–20. Jh.

D DRESS-CODE

Als Garderobe in Theater, Konzert und Oper werden Jeans und Pullover nicht gern gesehen. Dabei ist die Hochkultur in Prag durchaus nicht abgehoben, sondern nach wie vor ein Genuss für alle sozialen Schichten, was sich auch in den günstigen Preisen widerspiegelt.

INFOS/ÖFFNUNGSZEITEN

Nationaltheater 1: Národní 2
Ständetheater 2: Železná
Staatsoper 3: Wilsonova 4
Alle drei Bühnen: T 224 90 14 48,
www.narodni-divadlo.cz

KULINARISCHES FÜR ZWISCHENDRIN

Ein Kaffeehaus-Klassiker ist seit bald 150 Jahren das **Slávia** 1 (Smetanovo nábřeží 2, T 224 21 84 93, www.cafe slavia.cz, Mo–Fr 8–24 Uhr, Sa/So 9–24 Uhr) gegenüber dem Nationaltheater. Auch das **Louvre** 2 (Národní 20, T 724 05 40 55, www.cafelouvre.cz, Mo–Fr 8–23.30 Uhr, Sa/So ab 9 Uhr) versüßt den Tagesausklang. Den Opernabend im Ständetheater krönt ein glanzvolles Dinner im **Restaurace Obecní dům** 3 (Náměstí Republiky 5, T 222 00 27 70, www.restauraceod.cz, tgl. 7–23 Uhr) oder nebenan im stilvollen **Café de Paris** 4 des gleichnamigen Hotels (T 222 19 59 00, www.hotel-paris.cz, tgl. 7–23 Uhr). Besucher der Staatsoper tafeln im **Zvonice** 5 (Jindřišská, T 224 22 00 09, www.restaurantzvonice.cz, tgl. 11.30–24 Uhr) im Gebälk des Heinrichturms.

Cityplan: D–F 5/6 | Metro B: Národni Třída, Náměstí Republiky, Muzeum

Zeit unter der Lupe –
rund um den
Wenzelsplatz

Er bildet den historischen Brennpunkt der jüngeren Nationalgeschichte und ist zugleich eine zentrale Flanier- und Shoppingmeile. Architektonische Juwele der klassischen Moderne stehen Spalier. Lauter gute Gründe, sich auf dem 700 m langen und 60 m breiten Boulevard namens Wenzelsplatz mal genauer umzusehen. ▼

Die bronzene Persiflage auf das berühmte Wenzelsdenkmal, bei der er den Nationalheiligen auf einem kopfüber aufgehängten Pferd reiten ließ, installierte der Provokationskünstler David Černý 1999 in der Lucerna-Passage.

Die Geschichte des Wenzelsplatzes reicht mehr als 650 Jahre zurück. Es war Karl IV., der, als er 1348 Nové Město gründete, die 4 ha große, nach Süden hin leicht ansteigende Freifläche vor der Altstadtmauer zum zentralen Warenumschlagplatz der neuen Bürger- und Handwerkerstadt erkor. Rasch wurde der ›Rossmarkt‹, so hieß das Gelände zunächst, weil man auf ihm Pferde versteigerte, auch zum sozialen Mittelpunkt – mit Herbergen, Kneipen, Bordellen, Richtstatt und Prags erstem Theater für tschechischsprachige Stücke, der ›Bude‹.

1848 versammelten sich auf dem soeben in Wenzelsplatz umgetauften Geviert die antihabsburgischen Revolutionäre. Fortan fungierte er regelmäßig als Schaubühne für gesellschaftliche Umbrüche: 1918 feierten die Prager auf ihm die Unabhängigkeit der Republik, 1937 gaben sie hier ihrem ersten Präsidenten, Tomáš Garrigue Masaryk, das letzte Geleit. 1948 bejubelten sie KP-Chef Klement Gottwald, im November 1989 Václav Havel und Alexander Dubček, die ihnen das Ende des Kommunismus verkündeten.

Der Wenzelplatzheilige, diesmal mit historischer Bodenhaftung

Wenzel wacht

Als symbolträchtiger Sammelpunkt diente all diesen Massenzusammenkünften das von Josef Václav Myselbek geschaffene **Reiterstandbild des hl. Wenzel** 1, zu dessen Füßen sich der Student Jan Palach am 16. Januar 1969 aus Protest gegen die ›brüderlichen‹ Besatzer verbrannte. Ein Ehrenmal erinnert hier bis heute daran.

Beherrscht wird der Platz an seiner südöstlichen Stirnseite vom – kürzlich erst generalsanierten – **Nationalmuseum** 2 (Národní muzeum). Es wurde 1885–90 von Josef Schulz erbaut und beeindruckt allein schon durch seine Dimensionen: 70 m ist die Kuppel des Neorenaissance-Baus hoch – ein mächtiges, etwas düsteres, mit Büsten, Statuen und Wandbildern tschechischer Geistesgrößen ausstaffiertes Symbol nationalen Erwachens. Sein Gesamtbestand umfasst unglaubliche 14 Mio. Objekte. Freunde der Frühgeschichte, Zoologie, Botanik, Mineralogie oder auch Münzkunde kommen hier voll auf ihre Kosten.

Jugendstil vom Feinsten

Freunde moderner Architektur werden ihr Augenmerk auf den reichen Baubestand aus den Jahren um 1900 im Nordbereich des Platzes richten. Besondere Schmuckstücke des Jugendstil sind hier das ehemalige **Grand Hotel Evropa** 3 (Nr. 25), ihm gegenüber das **Wiehl-Haus** 4 (Nr. 34) mit seiner von Mikoláš Aleš reich bemalten Fassade, weiters Jan Kotěras **Peterka-Haus** 5 (Nr. 12) und, ganz unten, an der Ecke zu Na příkopě, der **Koruna-Palast** 6 (Nr. 1). Zu Füßen der opulent verzierten Fassaden wogt tagsüber und abends das pralle Leben.

U
ÜBRIGENS

Gar nicht so neu, wie der Name suggeriert, ist **Nové Město.** Tatsächlich ist Prags Neustadt schon über 650 Jahre alt. Sie wurde von Karl IV. und seinen Baumeistern genau geplant, um in der aufstrebenden Hauptstadt des Reiches Platz für Handel und Wirtschaft zu schaffen. Damit ist die Neustadt eines der größten tatsächlich realisierten Bauvorhaben des Mittelalters.

Kaufhäuser, Buch- und Souvenirläden animieren zum Stöbern, Kneipen, Cafés und Fastfood-Läden zur Einkehr. Wenn zu späterer Stunde mancherorts in Casinos und Cabarets Rotlichter angeknipst werden, wird der Wenzelsplatz seinem durchaus auch zweifelhaften Ruf gerecht.

Jugendstylische Konsumkathedrale

Der frühmoderne **Palác Lucerna** **7**, an dessen Bau 1907–21 Václav Havels Großvater maßgeblich beteiligt war, ist ein Jugendstiljuwel erster Güte – ein riesiger, siebenstöckiger Komplex mit Apartments und Büros in den oberen Etagen und einem spektakulären wie geschichtsträchtigen Veranstaltungssaal, in dem schon Louis Armstrong, Ella Fitzgerald und andere Musiklegenden auftraten; zudem ein kaum minder prächtiges Kino, Restaurants, Cafés, ein Musikclub, ein Tanzlokal …

Die größte Magnetkraft auf Stadtflaneure übt vermutlich die wunderschöne Einkaufspassage **Pasáž Lucerna** aus, mit exquisiten Läden, vom Möbelstudio bis zum Haute-Couture-Atelier. Wahrzeichen dieses in goldgelben Tönen gehaltenen Komplexes ist der von David Černý gestaltete Ritter mit seinem an allen Vieren aufgehängten Pferd – eine Persiflage auf das Reiterdenkmal des hl. Wenzel.

INFOS/ÖFFNUNGSZEITEN

Nationalmuseum **2**: www.nmz.cz, tgl. 10–22 Uhr, 200 Kč

KULINARISCHES FÜR ZWISCHENDRIN

Hip und stilvoll ist das **Café Café** **1** (Rytířská 10, Tel. 774 33 11 22, www.cafecafe.cz, tgl. 10–22 Uhr). Im **Lahůdky Zlatý Kříž** **2** (Jungmannovo náměstí 19, T 222 51 94 51, www.lahudkyzlaty kriz.cz, Mo–Fr 7.30–16 Uhr) bekommen Sie die vielleicht besten belegten Brote der Stadt. Äußerst einladend für eine längere Verschnaufpause ist das zeitgemäß schicke **Café Platýz** **3** (Národní 37, www.cafeplatyz.cz, Mo–Fr 10–23, Sa/So 11–23 Uhr).

Cityplan: E/F 6/7 | **Metro A, B:** Müstek, **Metro A, C:** Muzeum

Großreinemachen auf dem Wenzelsplatz: Auch hier wurde das einstige Einheitsgrau aus kommunistischer Zeit schon längst durch augenfällige Farbenfreude ersetzt.

Bühne der Historie

Auf dem Jungmann-Platz (Jungmannova nám.), beeindruckt die 1347 von Karl IV. gestiftete Kirche **Maria Schnee** 8 (P. Marie Sněžné). Der Chor dieses Brennpunkts der hussitischen Revolution misst 39 m, der Hauptaltar ist überhaupt der höchste der Stadt. Auf dem Platz verdienen auch das von Jan Kotěra erbaute **Urbánek-Haus** (Nr. 30), das kolossale **Palais Adria** (Nr. 31) und die kubistische **Straßenlaterne** Ihre Beachtung. Gegenüber ist der **Garten der Franziskaner** 9 (Františkánská zahrada) eine grüne Oase, in der sich wunderbar Atmen holen lässt.

Schroffes, spannendes Signal: Josef Gočárs kubistische Straßenlaterne auf dem Jungmann-Platz

Der ursprünglich gotische, später im Renaissance-Stil umgebaute Komplex des **Neustädter Rathauses** 10 (Novoměstská radnice) mit seinem markanten Turm diente von 1377 über 400 Jahre lang als Verwaltungszentrum für die Neustadt. Später war er Gefängnis, Gerichtsgebäude und Standesamt. In die Geschichte ging der Bau, dessen prächtige Säle für Ausstellungen genutzt werden, als Schauplatz des Ersten Prager Fenstersturzes ein: Als hier am 30. Juni 1419 radikale Religionsreformer zwei Ratsherren auf die Straße warfen, gaben sie das Startsignal für die hussitische Revolution.

11

Wo Prags Jugendstil seine schönsten Blüten trieb – **die Neustadt**

Prag besitzt einen so reichen und unversehrten Baubestand aus Gotik, Renaissance und Barock wie kaum eine zweite Metropole Europas. Doch auch der Jugendstil trieb hier besonders prächtige Blüten und trägt maßgeblich zum Ruhm der Stadt als einem riesigen architektonischen Freilichtmuseum bei. Willkommen zu einem Spaziergang von Augenweide zu Augenweide!

Prag mit Tram und eigenem Soundtrack ist gut, Josefov im Originalton klingt aber besser.

Secese wird in Böhmen, in Anlehnung an die Sezession, die österreichische Variante des Art Nouveau, der um 1900 herrschende Stil genannt. Er brachte den stärker werdenden Patriotismus der Tschechen und auch das Können ihrer (Kunst-) Handwerker zum Ausdruck. Seinen schwelgerischen Formen, den Pflanzenornamenten und üppigen Fassadenfiguren, dem reichen Dekor aus Schmiedeeisen, Kristallglas und Keramik begegnen Sie vor allem in der Nové Město, jenem seit alters von Kaufleuten geprägten Neustadtbezirk, in dem sich Prag immer schon von seiner besonders weltoffenen und fortschrittsgläubigen Seite zeigt.

Stiljuwel Gemeindehaus

Das glänzendste Beispiel des Prager Jugendstils bildet, gemeinsam mit dem Pulverturm, gleichsam das Eingangstor in die östliche Altstadt: das **Gemeindehaus** **1** (Obecní dům). Nachdem Prag gegen Ende des 19. Jh. eine der radikalsten Modernisierungsphasen durchlebt hatte, u.a. seine Stadtmauern geschleift, die Bahnlinien nach Wien und Berlin samt prachtvollen Bahnhöfen gebaut und die Ufer der Moldau weitgehend reguliert worden waren, beschlossen die Stadtväter den Bau dieses ›Repräsentationshauses der Hauptstadt‹.

An der Ausgestaltung des Gemeindehauses, jenes Schmuckstücks des Prager Jugendstils, waren die seinerzeit namhaftesten Maler und Bildhauer beteiligt.

Wo vom Ende des 14. Jh. an für gut 100 Jahre der Königshof, die Residenz der böhmischen Herrscher, stand, schufen die Architekten Osvald Polívka und Antonín Balšánek zwischen 1905 und 1911 diesen wohl berühmtesten Jugendstilbau der Stadt. Hinter seiner ausladenden, mit viel Stuck, symbolträchtigen Plastiken und dem Mosaik »Huldigungen an Prag« verzierten Fassade verbergen sich ein wunderschönes Café/Restaurant und eine Reihe repräsentativer Ausstellungs-, Veranstaltungs- und Regenerationsräume. An der Ausgestaltung waren u.a. Alfons Mucha, Karel Novák und Ladislav Šaloun beteiligt. Herzstück des vor wenigen Jahren aufwändig restaurierten Komplexes ist der für seine ausgezeichnete Akustik gerühmte Smetana-Saal, in dem alljährlich das renommierte Festival »Prager Frühling« eröffnet wird. Mehrere Möglichkeiten zur Erkundung des innen wie außen üppigst verzierten Baujuwels stehen Ihnen offen: Sie nehmen an einer der offiziellen Führungen teil oder besorgen sich eine Karte für ein Konzert im Smetana-Saal – oder aber Sie kehren einfach im Erdgeschoss im prachtvollen Café bzw. gegenüber im Restaurant ein. Apropos: Gleich um die Ecke lockt schon das nächste Café – im Erdgeschoss des **Luxushotels Paris** **2**, einem vor wenigen Jahren von Grund auf renovierten Art-Nouveau-Juwel.

Gewiss, der »Prager Frühling« ist das führende Klassik-Festival in der Moldaustadt. Aber es warten auch andere **Musikfestivals:** im Sommer etwa eines für Kammermusik (www.ameropa.org), im Winter ein Jazzfestival (www.agharta.cz) und – wir sind in Böhmen! – ein internationales für Blasmusik (www.or-fea.cz).

Synagoge, Bahnhof, Mucha

Ostwärts über die einstige Flusslände (Na Poříčí) und bei der ersten Ecke nach rechts (Havlíčkova) gelangen Sie, vorbei an Prags ältestem Bahnhof, dem 1845 eröffneten **Masarykovo nádraží** 3, und über den Senovážná náměstí in die Jeruzalémská. Die Fassade der **Jubiläumssynagoge** 4 (1906) lässt staunen: eine neomaurische Orgie aus grünen Säulen, goldenen Fließen und blauen Hufeisenbögen. Von hier ist es ein Katzensprung zum **Hauptbahnhof** 5 (Hlavní nádraží). Lassen Sie sich vom gesichtslosen Vorbau der 1960er-Jahre nicht abschrecken und treten Sie unter die famose Jugendstilkuppel: »Praga. Mater Urbinum«, Mutter der Städte, prangt auf einer Tafel über dem Halbrund.

INFOS/ÖFFNUNGSZEITEN

Gemeindehaus 1: Náměstí Republiky 5. Infos, Verkauf von Konzertkarten und Anmeldung für die mehrmals täglich stattfindenden ca. 60-minütigen Führungen im Infozentrum: T 222 00 21 01, www.obecnidum.cz oder direkt an der Kasse, tgl. 10–20 Uhr, 200 Kč;

Café im Westflügel tgl. 7.30–23 Uhr, kleine Gerichte ab 90 K; Restaurace Obecní dům (▶ S. 57) im Ostflügel, tgl. 12–23 Uhr; Pilsner Restaurant, eine rustikale Bierhalle im Souterrain, und die American Bar, beide tgl. 11.30–23 Uhr
Jubiläumssynagoge 4: Jeruzalémská, April–Okt. So–Fr außer an jüdischen Feiertagen 11–17 Uhr, 100 Kč, Kombiticket mit Altneusynagoge in Josefov 260 Kč
Mucha-Museum 6: Panská 7, www.mucha.cz, tgl. 10–18 Uhr, 260/180 Kč

KULINARISCHES FÜR ZWISCHENDRIN

Im **Gemeindehaus** 1, s. o.
Das **Café Louvre** 2 (Národní 22, T 724 05 40 55, www.cafelouvre.cz, tgl. Mo–Fr 8–23.30, Sa/So 9–23.30 Uhr) gehört zu Prags ersten Häusern am Platz. Der Besuch lohnt sich nicht nur wegen der Frühstückskarte, sondern auch wegen des Ambientes. Wer denkt, tschechische Küche hätte für Vegetarier nichts übrig, der darf sich im **Estrella** 3 (Opatovická 17, T 777 43 13 44, estrellarestaurant.cz, tgl. 11.30–22.30 Uhr) eines Besseren belehren lassen. Hier wird mit besten Zutaten, aber ohne Fleisch gekocht. Tipp: das preiswerte Mittagsmenü.

Cityplan: E–G 5/6 | **Metro B:** Náměstí Republiky

Das Jugendstilcafé Kavárna Obecní dům, eines der prächtigsten Kaffeehäuser Prags, verwöhnt seine staunenden Gäste im Erdgeschoss des Gemeindehauses.

Ein Höhepunkt für Kunstbesessene ist das **Mucha-Museum** 6 in der Panská, wenige Schritte von der Jindřišská entfernt. An die 100 Gemälde, Zeichnungen und Drucke des Malers und Grafikers Alfons Mucha (1860–1939) entführen in die symbolverliebte und ziemlich schwülstige Welt des Pariser und Prager Fin de siècle. Aus der Vielfalt blumenumkränzter Maiden und symbolistisch erhöhter Heroen stechen seine berühmten Plakate für die Pariser Starschauspielerin Sarah Bernhardt und die Entwürfe für sein monumentales »Slawisches Epos« (▶ S. 80) hervor. Keinesfalls versäumen sollten Sie die Filmbiografie des Künstlers (Dauer ca. 30 Min.).

Wenn Sie jetzt noch Kraft in den Beinen haben, queren Sie zuletzt den Wenzelsplatz und statten einem weiteren Architekturjuwel der Frühmoderne, der **Lucerna-Passage** 7 (▶ S. 60), einen Besuch ab.

Wussten Sie eigentlich, dass Alfons Mucha 1900 im Auftrag der Regierung in Wien Österreichs Landespavillon auf der Weltausstellung in Paris ausstattete? Danach lebte er bis zum Ersten Weltkrieg in den USA, wo er in New York und Chicago auch an Kunstakademien lehrte.

→ UM DIE ECKE

Etwa weiter nördlich handelt es sich beim **Haus zur schwarzen Muttergottes** 8 (Dům U Černé Matky Boží) wiederum um ein bei Architekturfans begehrtes Fotomotiv, schließlich ist das Haus einer der berühmtesten kubistischen Bauten überhaupt. Es wurde 1910/11 nach den Plänen von Josef Gočár als Kaufhaus erbaut und 1993/94 komplett restauriert. Im ersten Stock befindet sich das nicht minder beliebte **Grand Café Orient** (▶ S. 27). Ein Besuch lohnt sich nicht nur wegen der Architektur.

 # 12

Nächtlicher Zauber –
Laterna Magika und Schwarzes Theater

Was Bier und Knödel in der Kneipe und der St.-Veits-Dom beim Stadtrundgang, ist die Laterna Magika für die Abendkultur: Musik, Film, Tanz und Schwarzes Theater werden zu einem einzigartigen Gesamtkunstwerk verschmolzen.

Wenn das die Sinne nicht gehörig durcheinander wirbelt: eine futuristisch anmutende Inszenierung auf der Bühne des Schwarzen Theaters

Als die Prager Behörden sich anschickten, das Programm für die Expo 58 in Brüssel vorzubereiten, hatten Sie im Sinn, die Tschechoslowakei in ihrem Pavillon als höchst kreative Kulturnation zu präsentieren. Mehrere Programme kamen zum Zug – unter ihnen eines der damals unbekannten **Laterna Magika.** Es stammte vom Regisseur Alfréd Radok und dem Bühnenbildner Josef Svoboda und erwies sich vom Start weg

Im Rahmen des Signal-Lichterfestivals wird Zukunft jedes Jahr künstlerisch neu gedacht, wie hier von Jan Vacek und Martin Šmid.

als Weltsensation. Die beiden boten, indem sie äußerst originell die Genres Schauspiel und Film und später auch Tanz verknüpften, ein völlig neuartiges Bühnenerlebnis. Ihr ›Wundertheater‹ war nonverbal, kannte demnach keine Sprachbarrieren und feierte rund um den Erdball im Nu immense Erfolge.

Seit 1992 ist die Laterna Magika in der **Neuen Bühne** (Nová Scéna) des Nationaltheaters zu Hause. In dem klobigen Glas-Beton-Annex haben die Inszenierungen in den letzten Jahren zwar ein wenig an Raffinesse eingebüßt und sind zu einer Art modernem, von Filmprojektionen flankiertem Tanztheater mutiert. Doch sehenswert sind die Aufführungen allemal. Das aktuelle Repertoire der Laterna Magika umfasst sehr unterschiedliche Produktionen: »Cube«, »Der kleine Prinz«, »Extraordinary Voyages of Jules Verne«, »Human Locomotion«, »As Far As I See«, »Cocktail 012« und »Wonderful Circus«.

Nur schwarz? Von wegen!

Eine eigenständige Theaterform stellt das Schwarze Theater dar. Es hat seine Wurzeln angeblich im japanischen Bunraku, wurde schon im frühen 20. Jh. vereinzelt von Illusionisten und Filmemachern in Europa praktiziert, breitenwirksam jedoch erst in den 1960er-Jahren an der Moldau für den Westen wiederentdeckt. Seither gilt es als zweites Markenzeichen für die überbordende Imaginationskraft der Prager Bühnenkünstler.

Ü ÜBRIGENS

Auch wenn Laterna Magika und Schwarzes Theater jedes Jahr tausende Menschen in ihren Bann ziehen, bleibt natürlich auch in der Darstellenden Kunst die Zeit nicht stehen. So haben sich in den vergangenen Jahren zahlreiche Theater herausgebildet, in denen junge Künstler mit neuen Ausdrucksformen experimentieren. Dazu zählen das **Archa Theatre** (Na Poříčí 26, Prag 1, T 221 71 63 33, www.divadlo archa.cz) oder **Jatka 78** (Bubenské nábřeží, Prag 7, T 775 40 20 27, www.jatka78.cz) mit beeindruckenden New Circus Performances.

Die besten Adressen

Das **Schwarze Theater 2** von Jiří Srnec, einem Pionier dieses Genres, zählt zu den prominentesten Adressen. Er zeigt mit seinem 1961 gegründeten, international renommierten Ensemble in letzter Zeit mit Vorliebe eine ›Best of‹-Retrospektive. Eine Fixgröße ist auch das 1980 im US-Exil gegründete Theater **Ta Fantastika 3**, dessen Prinzipal Petr Kratochvíl sich nach seiner Heimkehr (1990) auf literarische Vorlagen wie »Don Quijote« oder »Der kleine Prinz« konzentriert. Seine Adaption von »Alice im Wunderland« brachte es in 20 Jahren auf über 2000 Vorstellungen. In Interaktion mit dem Publikum tritt die Bühnencrew in František Kratochvíls **Metro 4**, das als ›Cartoon-Theater‹ klassische Elemente mit Modern Dance und Ballett, Pantomime, Comic und gezeichneten Objekten kombiniert und nach jeder Vorstellung seine Geheimnisse und Tricks dem Publikum in kurzen Workshops verrät. Einen guten Ruf als professionelle Bühnen genießen außerdem das **Black Light Theatre of Prague 5** und das **Image Theater 6**.

INFOS/ÖFFNUNGSZEITEN

Neue Bühne 1: Národní 4, Prag 1, T 224 90 14 48, www.narodni-divadlo.cz, Tickets ab 290 Kč

Schwarzes Theater Srnec 2: Na Příkopě 10, Prag 1, T 774 57 44 75, www.srnectheatre.com, Tickets ab 580 Kč

Theater Ta Fantastika 3: Karlova 8, Prag 1, T 222 22 13 66, www.tafantastika.cz, Tickets ab 390 Kč

Metro 4: Národní 25, Prag 1, T 221 08 52 01, www.metrotheatre.cz, Tickets ab 480 Kč

Black Light Theatre of Prague 5: Rytířská 31, Prag 1, T 725 83 06 55, www.blacktheatre.cz, Tickets ab 490 Kč

Image Theater 6: Národní 25, Prag 1, T 732 156 343, www.imagetheatre.cz, Tickets ab 480 K

KULINARISCHES FÜR ZWISCHENDRIN

Lust auf ein Bierchen vor der Vorstellung in der Laterna Magika? Oder eine kräftige Stärkung nach dem Kunstgenuss? In der **Pivovar Národní 1** (Národní 8, T 222 54 49 32, www.pivovarnarodni.cz) werden selbst gebrauter Gerstensaft und böhmische Hausmannskost serviert. Ein besonderer Tipp sind die über dem Feuer gebratenen Steaks!

Cityplan: D–F 5/6 | Metro B: Národní Třída

Kreuzberg Moldauer Art – **von Žižkov nach Karlín**

 # 13

Spektakuläre Blicke vom Fernsehturm, coole Bars und liebevoll gestaltete Design-Läden erwarten Sie auf Ihrem Besuch in Prags jungem Stadtviertel Žižkov. Los geht es aber mit einem Besuch von Franz Kafkas Grab.

Von der Haltestelle Zelivského gelangen Sie über die Izraelská zum **Neuen Jüdischen Friedhof 1** (Židovské hřbitovy). Er wurde 1890 etwa zeitgleich mit der Schließung des Alten Friedhofs in Josefov errichtet und wurde 1924 zur letzten Ruhestätte des Schriftstellers Franz Kafka. Um sie zu finden, halten Sie sich nach dem Haupteingang rechts. In der Reihe 21 suchen Sie nach dem Grab mit der Nummer 14–21 oder lassen Sie sich einfach von der Ruhe dieses magischen Ortes berühren.

Exzentrisch und trendbewusst gibt man sich in Žižkov.

Für eine heiter-bizarre Note sorgen die an den Stützen des **Fernsehturms** emporkrabbelnden Riesenbabys – eine der zahlreichen Aktionen, mit denen der Provokationsprofi David Černý seit der Wende die Prager je nach Couleur ärgert oder amüsiert (▶ S. 83).

Im Keller der Nationalen Gedenkstätte, wo man einst die mumifizierten Leichname der KP-Parteibonzen über Nacht gekühlt lagerte, wird ihrer im Originalambiente mit Fotoprojektionen gedacht – eine ebenso surreale wie sehenswerte Gedenkstätte (Infos: Seite gegenüber).

Wir verlassen den Neuen Jüdischen durch das Osttor, überqueren die J. Želivského und betreten gleich gegenüber den **Friedhof Olšany** 2 . Er geht auf die Pestepidemien des 17. Jh zurück, als man begann, die Toten außerhalb der Stadt zu begraben. Viel besucht und stets mit Kerzen und frischen Blumen versorgt ist das Grab des Studenten **Jan Palach,** der sich im Januar 1969 aus Protest gegen die Sowjetbesatzung am Wenzelsplatz verbrannte. Die kleine barocke Kirche **Svatého Rocha** 3 in der Nordwestecke des Friedhofs wurde 1680 am Höhepunkt der Pestepidemie erbaut.

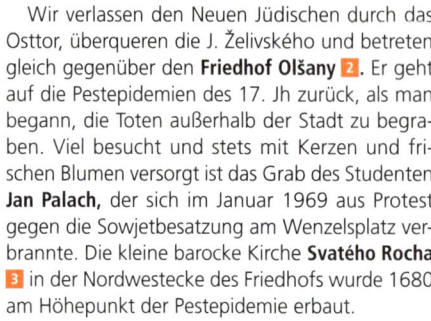

Wahrzeichen mit Augenzwinkern

Von der Stadt der Toten in der Olšanská machen wir uns auf in das sehr lebendige Žižkov. Via Táboritská und Ondříčkova gelangen wir zum modernsten Wahrzeichen Prags, dem **Fernsehturm Žižkov** 4 . Das mit 216 m höchste Bauwerk der Stadt ging als Sender 1992 in Betrieb und besteht aus drei wuchtigen Stahlstützen, in deren dickster Sie per Expresslift die in 97 m Höhe montierte Aussichtsplattform erreichen. Von dort reicht der Blick an klaren Tagen bis weit ins Prager Umland.

Kurz und kultig

Von der tollen Aussicht beflügelt, kommen Sie an zwei besonderen Läden vorbei: Bei **Skoba** 🛈 in der Ševčíkova gibt es liebevoll designte und von Hand fabrizierte Papierwaren. Zwei Ecken weiter hat man sich bei **Playbag** 🛈 auf Mode und Accessoires von lokalen Designern spezialisiert.

Zum Abschluss etwas Staatstragendes

Auf dem Vitkov-Hügel, der Karlín und Žižkov trennt, zeigt das mit 9 m Höhe und einem Gewicht von 16,5 t größte **Reiterstandbild** der Welt den Hussitenführer **Jan Žižka** 5 . Der monumentale Kubus der **Nationalen Gedenkstätte** 6 (Národní památník) dahinter wurde in den 1930er-Jahren als Grabstätte für Tomáš Garrigue Masaryk und Ehrenmal für die am Werden der Ersten Republik Beteiligten errichtet. Ab 1948 diente der Granitklotz als Mausoleum für die oberste KP. Nach 1989 war der Bau lange gesperrt, seit 2009 birgt er eine Ausstellung zur wechselhaften Geschichte des Landes im 20. Jh. Nicht versäumen: das 360°-Stadtpanorama von der Dachterrasse (Café)!

INFOS/ÖFFNUNGSZEITEN

Neuer Jüdischer Friedhof 1: Izraelská 1, Prag 3, T 224 80 08 12, www.kehilaprag.cz, Metro A: Želivského, So–Do 9–17, Winter 9–16, Fr ganzjährig bis 14 Uhr

Friedhof Olšany 2: Vinohradská 153, Prag 3, T 272 01 11 26, www.hrbitovy.cz, Metro A: Želivského, tgl. 8–19, März, April, Okt. 8–18, im Winter bis 17 Uhr

Fernsehturm Žižkov 4: Mahlerovy sady 1, Prag 3, T 210 32 00 81, www.towerpark.cz, Metro A: Flora od. Jiřího z Poděbrad, tgl. 9–24 Uhr, 290 Kč

Nationale Gedenkstätte 6: U Památníku 1900, Prag 3, www.nm.cz, Bus 133, 175 (von Metro Florenc) U Památníku, Mi–So 10–18, Nov.–März auch Mi geschl., 80 Kč, Aussichtsplattform: Mi–So 10–17 Uhr, Nov.–März auch Mi geschl., 80 Kč, Kombi-Ticket 120 Kč

Skoba 🔒: Ševčíkova 4, Prag 2, T 222 96 06 62, www.iskoba.cz, Metro A: Jiřího z Poděbrad, Mo–Fr 10–19 Uhr

Playbag 🔒: Bořivojova 106, Prag 3, T 778 02 76 29, www.playbag.cz, Metro A: Jiřího z Poděbrad, Mo–Fr 13–20, Sa 11–15 Uhr

KULINARISCHES FÜR ZWISCHENDRIN

Für Café, Kuchen und Imbisse sollten Sie dem **Café Pavlač** ❶ (Víta Nejedlého 23, Prag 3, T 222 72 17 31, www.cafepavlac.cz, Mo–Fr 10–23, Sa/So 11–23 Uhr) einen Besuch abstatten, auch wegen des stylischen Ambientes. Für eine größere Einkehr empfiehlt sich das sympathische **Restaurace Akropolis** ❷ (Kubelíkova 27, Prag 3, T 269 33 09 90/91, Mo–Do 11–0.30, Fr–So 11–1.30 Uhr) im Gebäude des gleichnamigen Kultclubs (s. u.).

FIXSTERNE IM PRAGER AUSGEHHIMMEL

Seit Jahren strahlt das **Palác Akropolis** ❶ (Kubelíkova 27, T 296 33 09 11, www.palacakropolis.cz), ein Konzert-Venue, in dem von Rock bis Jazz alles möglich ist. Gemütlicher geht es im **Bukowski's** ❷ (Bořivojova 86, T 222 21 26 86, tgl. 19–3 Uhr) zu, einer verrauchten Kultkneipe mit guten Drinks und schummrigem Licht. Bierfans freuen sich im **Pivovarský klub** ❸ (Křižíkova 17, T 222 31 57 77, www.pivovarskyklub.com, Mo–Fr 11–23.30, Sa/So ab 11.30 Uhr) an einem Sortiment aus hunderten verschiedenen Gerstensäften.

Cityplan: G/H 5/6 | Metro/Bus: s. o.

14

Na zdraví! – **Biertour durch Prag**

In keinem Land der Welt wird Bier so verehrt wie in Tschechien. Tun Sie es den Pragern gleich und machen Sie sich auf zu einer Stadterkundung im Zeichen des flüssigen Goldes. Sie werden dabei so manch kunstvoll zusammengebrauten Schatz heben, denn von klassischen Bierhallen bis zu modernen Craftbeer-Bars hat Prag für Bier-Fans vieles zu bieten.

In den Adern dieses Karnevalsgorillas fließt ohne Zweifel böhmisches Blut – löscht er doch seinen Durst auf landestypische Art und Weise.

Pivo, Bier, ist in Prag und ganz Böhmen, ähnlich wie in Bayern oder Belgien, ein unverzichtbares Lebensmittel. Mit einem Verbrauch von 144 l pro Jahr und Kopf hält man hierzulande den Weltrekord, und auch was den Preis betrifft, gilt erschwingliches Bier in Tschechien weiterhin als ein

Menschenrecht. Es ist also wenig überraschend, dass in Prag mehr als 1000 *pivnice* zum Biergenuss einladen.

Braustube mit Geschichte

Wir beginnen unseren Bier-Spaziergang durch Prag im Traditionslokal **U Fleků** ❶. Seit 1499 stellt man hier in der Oberen Neustadt ein 13-prozentiges, rauchiges Schwarzbier aus geröstetem Malz her. Kein Ort in ganz Mitteleuropa blickt auf eine längere, ununterbrochene Brautradition zurück. Acht verschiedene Säle warten auf Ihren Besuch: Sie tragen Namen wie Akademie, Koffer, Leberwurst oder Rittersaal und fassen gemeinsam über 1200 Menschen. Sie entscheiden, in welchem Sie anprosten.

Tradition, neu interpretiert

Nachdem wir uns im U Fleků für den Abend aufgewärmt haben, geht es weiter zur zweiten Station. Im **Dlouhááá** ❷ machen wir zum ersten Mal an diesem Abend Bekanntschaft mit dem beliebtesten Bier der Tschechen: dem Pilsner – einem hellen, eher herben Bierklassiker. Das Lokál ist den alten böhmischen Bierhallen nachempfunden, selbst aber eine recht junge Adresse,

P PAARE

›Food-Pairings‹ sind keine Erfindung urbaner Foodies des 21. Jh. Denn seit jeher gibt es auf den meist eher kargen Speisekarten tschechischer Kneipen eine Rubrik mit dem Namen ›Gerichte, die gut zu Bier passen‹. Dazu zählen deftige Kleinigkeiten, wie zum Beispiel Schinken mit Meerrettich oder *utopenec*, ein eingelegtes Würstchen, über dessen Geschmack die Meinungen weit auseinander gehen.

INFOS/ÖFFNUNGSZEITEN

U Fleků ❶: Křemencova 11, Prag 1, T 224 93 40 19, ufleku.cz, Mo–Sa 10–23 Uhr
Dlouhááá ❷: Dlouhá 33, Prag 1, T 734 28 38 74, www.ambi.cz, tgl. 11–21 Uhr
Nota Bene ❸: Mikovcova 4, Prag 2, T 721 29 91 31, www.notabene-restaurant.cz, Bar: tgl. 17–2 Uhr, Restaurant: Mo–Fr 11–15, 18–23, Sa 17–23 Uhr
Pivovarský klub ❹: Křižíkova 17, Prag 5, T 222 31 57 77, www.pivovarskyklub.com, tgl. 11–23.30 Uhr
Zly Kasy ❺: Čestmírova 5, Prag 4, T 723 33 99 95, www.zlycasy.eu, Mo–Do 14–23.30, Fr 14–1, Sa 17–1, So 17–23 Uhr
Beergeek ❻: Vinohradská 62, Prag 3, T 776 82 70 68, beergeek.cz, tgl. 15–2 Uhr

Cityplan: D/E 6–8 | **Metro B:** Karlovo Náměstí

Die Botschaft dieser Flaschenöffner ist klar: Kein Bier soll ungetrunken bleiben.

was dem urigen Flair freilich keinen Abbruch tut. Mein Tipp: Bestellen Sie Ihr Pilsner *mlíko*. Das Bier wird dann vom Kellner mit sehr viel Schaum eingeschenkt. Was andernorts als Fauxpas an der Schank gilt, wird hier ganz bewusst gemacht, um die Bitterkeit des Bieres etwas zu dämpfen. An dieser Stelle eine Warnung an alle, denen das Bier hier nur allzu gut schmeckt: Wir haben noch einen Stopp vor uns!

Auf Tuchfühlung mit Craftbeer

Nachdem wir nun schon knietief in die traditionelle Brautradition der Prager vorgedrungen sind, wird es Zeit, uns neueren Biertrends zu widmen, schließlich hat die internationale Craft-Beer-Welle auch Prag voll erfasst. Zahlreiche Micro-Breweries sorgen für neue, spannende Impulse. Im Stadtzentrum eignet sich das **Nota Bene** ❸ hervorragend für einen Erstkontakt mit den lokalen Bier-Trendsettern. In angenehmem Ambiente können Sie sich hier in aller Ruhe durch eine Vielzahl an Prager Bierspezialitäten kosten – und wenn irgendwann der Hunger einsetzt, wechseln Sie einfach von der Bar in das dazugehörige Restaurant, in dem man genauso gut isst, wie man trinkt.

→ UM DIE ECKE

Bei Prags Mietpreisentwicklung ist es nicht verwunderlich, dass sich kleine Craftbeer Bars außerhalb des Stadtzentrums ansiedeln. Echte Bierfans sollten die kurze Reise in einen der Vorstadt-Bezirke auf sich nehmen. Zu den Fixsternen am jungen Bierhimmel gehören etwa der **Pivovarský klub** ❹ in Karlín, das **Zly Kasy** ❺ in Prag 4 und das **Beergeek** ❻ in Vinohrady.

Das geht an die Wurzeln – **zu Besuch in Vyšehrad**

15

Der steile Fels, der südlich der Neustadt das Moldau-Ufer überragt, gilt als frühester Sitz der Přemysliden-Herrscher. Die Legenden sind längst als solche entlarvt, doch ein Ausflug nach Vyšehrad lohnt sich nicht nur wegen der traumhaften Aussicht.

Glaubt man der Überlieferung, so war der Fels am Ostufer der Moldau der älteste Sitz der böhmischen Stammesfürsten. Hier soll die legendäre Fürstin Libuše die glorreiche Zukunft Prags prophezeit haben. In Wahrheit wurde die hiesige Festungsanlage erst nach der ersten auf dem Hradschin, etwa Mitte des 10. Jh., errichtet. Seine Blüte erlebte der Ort kurz nach 1100, nachdem König Vratislav II. seine

An der Treppe hinauf zum Vyšehrad kommt einem Milan Kunderas Bestseller-Roman »Die unerträgliche Leichtigkeit des Seins« in den Sinn.

Residenz hierher verlegt hatte. Aus jener Zeit ist noch die romanische St.-Martins-Rotunde erhalten. Karl IV. bestimmte, dass der Krönungszug der Könige zur Burg am Hradschin auf dem Vyšehrad zu beginnen habe. Er ließ sämtliche Gebäude und Befestigungsanlagen erneuern. Um die Mitte des 17. Jh. wurde der strategisch wichtige Ort in eine mächtige Barockfestung verwandelt. 1866 schleifte man seine Zitadelle. Parallel aber wurde der malerische Fels im Zuge der nationalen Wiedergeburt zum Symbolort. Ungezählt sind die Dichter und Komponisten, denen er als Projektionsfläche für ihre patriotische Beschwörung diente. Heute ist das Areal nurmehr eine friedvolle Parklandschaft und ein beliebtes Erholungsgebiet für die Prager.

Tschechiens Pantheon

Für gewöhnlich betreten Sie den ›heiligen Hügel‹ durch das barocke **Tabortor 1**, das Sie von der Metrostation Vyšehrad in kurzem Fußmarsch erreichen. Vorbei am Rest des gotischen Tores **Špička** (Touristinfo), gelangen Sie zum **Leopoldstor 2**, gleich danach zur **St.-Martins-Rotunde 3**. Das weithin sichtbare Wahrzeichen Vyšehrads, die **Peter-und-Paul-Kirche 4**, steht auf den Resten einer alten Basilika, wurde jedoch mehrfach umgestaltet. Zu Füßen ihrer Zwillingstürme stehen vier Kolossalstatuen, Sagenfiguren des berühmten Barockbildhauers Josef Václav Myslbek. Auf dem **Vyšehrader Friedhof 5** wurden mehr als 600 Geistesgrößen, u.a. Karel Čapek, Jan Neruda, Alfons Mucha, Antonín Dvořák und Bedřich Smetana bestattet.

Trotz aller hussitischer Tradition erweist sich Prag manchmal doch als ziemlich katholisch.

INFOS/ÖFFNUNGSZEITEN

Infozentrum Špička: T 261 22 53 04, tgl. 9.30–17, April–Okt. bis18 Uhr, www.praha-vysehrad.cz

Gotischer Keller 7: 50 Kč
Kasematten (mit Führung) und **Ziegeltor** 8: Ausstellung 90, Galerie 20 Kč. Alle April–Okt. tgl. 9.30–18, Nov.–März bis 17 Uhr

KULINARISCHES FÜR ZWISCHENDRIN

Kalorien lassen sich gut in der Buffet-Bar **Bystrocafe** 1 gegenüber der St.-Martins-Rotunde tanken (K Rotundě, T 724 87 00 80, www.bystrocafe.cz, tgl. 11–23 Uhr, ab 110 Kč). Gediegen tafeln Sie in **Rio's Vyšehrad** 2 (Štulcova 2, T 602 75 10 35, www.riorestaurant.cz, tgl. 10–23 Uhr, ab 250 Kč), Hausmannskost und ein zünftiges Bier gibt es in der Kneipe **Pod Vyšehradem** 3 (Vratislavova 4, T 222

95 15 22, www.podvysehradem.eu, tgl. 11–20 Uhr, Hauptspeisen ab 120 Kč).

Cityplan: D/E 9/10 | Metro C: Vyšehrad

Historische Ausstellungen

In der Südwestecke des Festungsareals thront hoch über die Moldau eine Ruine, die **Libussas Bad** 6 genannt wird. Ein Stück oberhalb informiert im **Gotischen Keller** 7 eine permanente Schau über »Historische Gestalten des Vyšehrad«. Ebenfalls die örtliche Geschichte hat eine zweite, im **Ziegeltor** 8 eingerichtete Ausstellung zum Thema. Im Hauptraum der **Kasematten** (Saal Gorlice) werden mehrere originale Barockstatuen von der Karlsbrücke aufbewahrt.

Gebauter Kubismus

Ein krasser stilistischer Kontrapunkt erwartet Sie, wenn Sie das Burgareal durch das nördliche Ziegeltor verlassen: Dort stehen im Weg hinab Richtung Moldau auf engstem Raum gleich drei Paradeexemplare kubistischer Architektur. Alle drei wurden von dem Otto-Wagner-Schüler Josef Chochol entworfen. Als Meilenstein der Moderne gilt sein **Mietshaus Hodek** 9 in der Neklanova 30. Kaum minder reizvoll sind die **Villa Kovařovic** 10 (Libušina 3) und direkt am Ufer das **Dreifamilienhaus** 11 in der Rašínovo nábřeží 6–10.

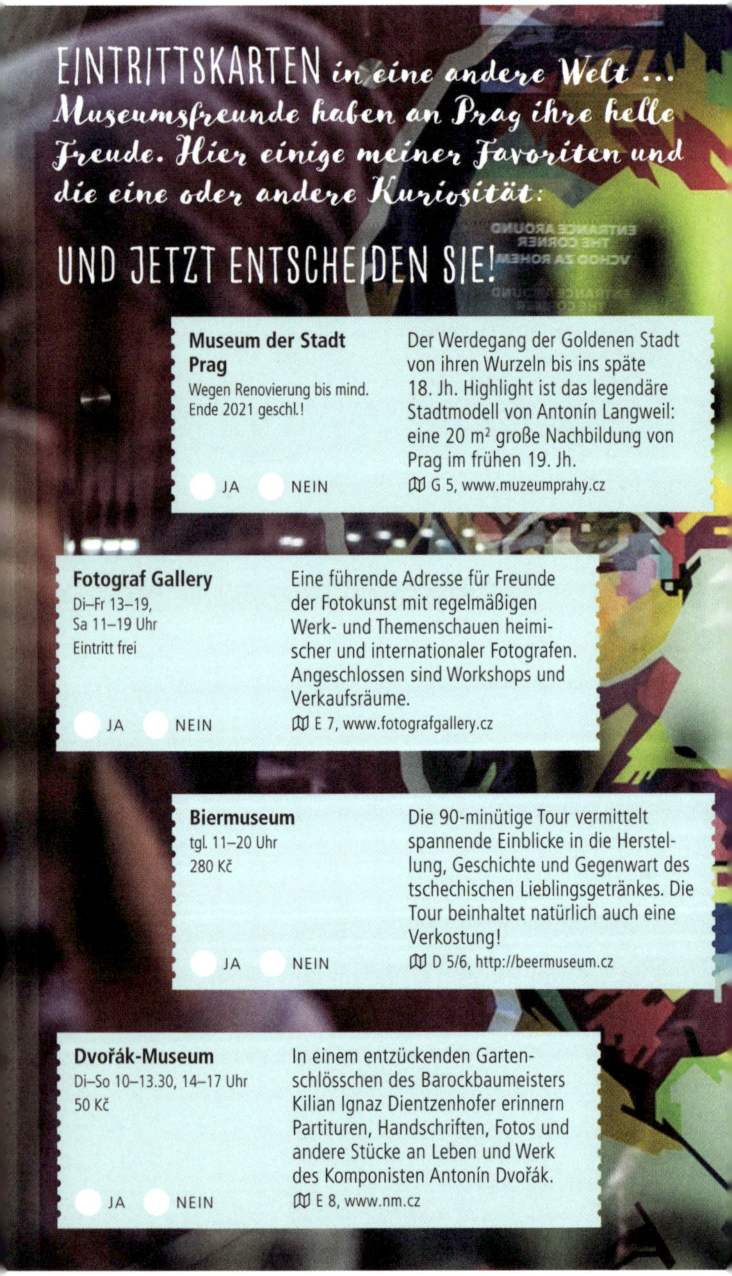

EINTRITTSKARTEN in eine andere Welt ...
Museumsfreunde haben an Prag ihre helle Freude. Hier einige meiner Favoriten und die eine oder andere Kuriosität:

UND JETZT ENTSCHEIDEN SIE!

Museum der Stadt Prag
Wegen Renovierung bis mind. Ende 2021 geschl.!

○ JA ○ NEIN

Der Werdegang der Goldenen Stadt von ihren Wurzeln bis ins späte 18. Jh. Highlight ist das legendäre Stadtmodell von Antonín Langweil: eine 20 m² große Nachbildung von Prag im frühen 19. Jh.
🗺 G 5, www.muzeumprahy.cz

Fotograf Gallery
Di–Fr 13–19,
Sa 11–19 Uhr
Eintritt frei

○ JA ○ NEIN

Eine führende Adresse für Freunde der Fotokunst mit regelmäßigen Werk- und Themenschauen heimischer und internationaler Fotografen. Angeschlossen sind Workshops und Verkaufsräume.
🗺 E 7, www.fotografgallery.cz

Biermuseum
tgl. 11–20 Uhr
280 Kč

○ JA ○ NEIN

Die 90-minütige Tour vermittelt spannende Einblicke in die Herstellung, Geschichte und Gegenwart des tschechischen Lieblingsgetränkes. Die Tour beinhaltet natürlich auch eine Verkostung!
🗺 D 5/6, http://beermuseum.cz

Dvořák-Museum
Di–So 10–13.30, 14–17 Uhr
50 Kč

○ JA ○ NEIN

In einem entzückenden Gartenschlösschen des Barockbaumeisters Kilian Ignaz Dientzenhofer erinnern Partituren, Handschriften, Fotos und andere Stücke an Leben und Werk des Komponisten Antonín Dvořák.
🗺 E 8, www.nm.cz

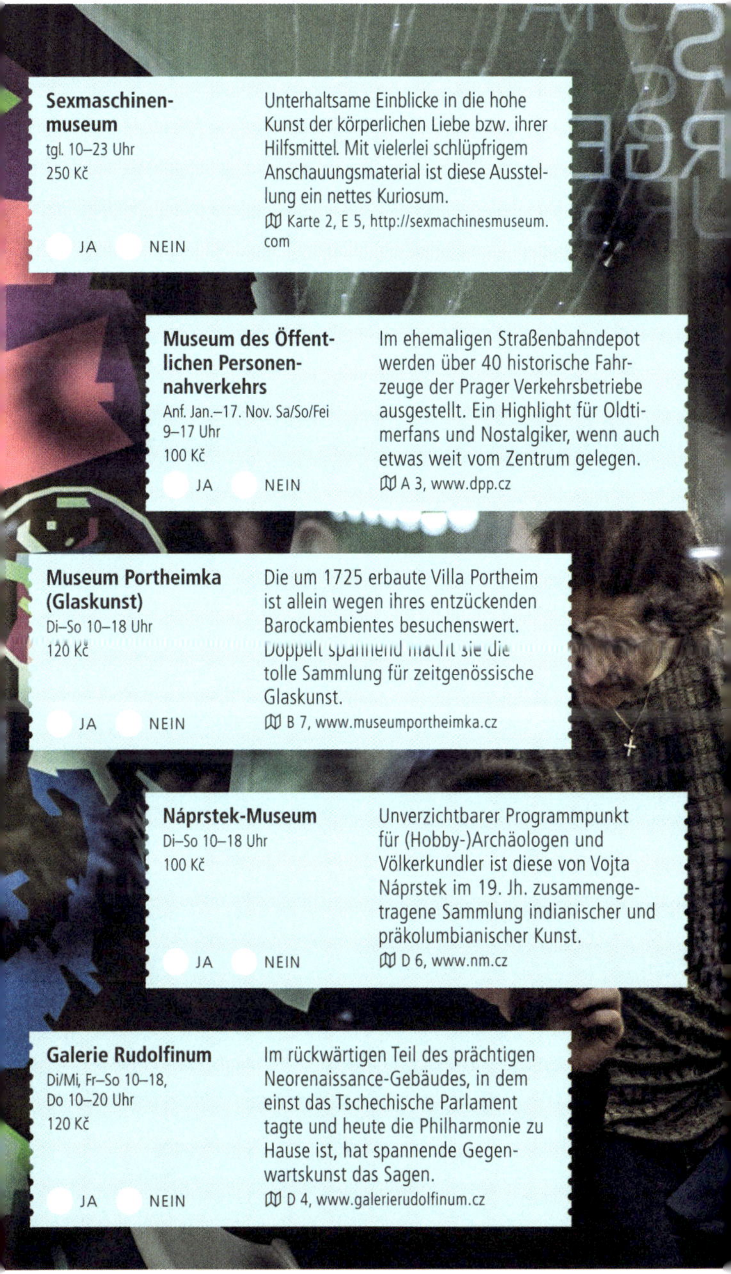

Sexmaschinen-museum
tgl. 10–23 Uhr
250 Kč

JA   NEIN

Unterhaltsame Einblicke in die hohe Kunst der körperlichen Liebe bzw. ihrer Hilfsmittel. Mit vielerlei schlüpfrigem Anschauungsmaterial ist diese Ausstellung ein nettes Kuriosum.
📖 Karte 2, E 5, http://sexmachinesmuseum.com

Museum des Öffentlichen Personennahverkehrs
Anf. Jan.–17. Nov. Sa/So/Fei 9–17 Uhr
100 Kč

JA   NEIN

Im ehemaligen Straßenbahndepot werden über 40 historische Fahrzeuge der Prager Verkehrsbetriebe ausgestellt. Ein Highlight für Oldtimerfans und Nostalgiker, wenn auch etwas weit vom Zentrum gelegen.
📖 A 3, www.dpp.cz

Museum Portheimka (Glaskunst)
Di–So 10–18 Uhr
120 Kč

JA   NEIN

Die um 1725 erbaute Villa Portheim ist allein wegen ihres entzückenden Barockambientes besuchenswert. Doppelt spannend macht sie die tolle Sammlung für zeitgenössische Glaskunst.
📖 B 7, www.museumportheimka.cz

Náprstek-Museum
Di–So 10–18 Uhr
100 Kč

JA   NEIN

Unverzichtbarer Programmpunkt für (Hobby-)Archäologen und Völkerkundler ist diese von Vojta Náprstek im 19. Jh. zusammengetragene Sammlung indianischer und präkolumbianischer Kunst.
📖 D 6, www.nm.cz

Galerie Rudolfinum
Di/Mi, Fr–So 10–18, Do 10–20 Uhr
120 Kč

JA   NEIN

Im rückwärtigen Teil des prächtigen Neorenaissance-Gebäudes, in dem einst das Tschechische Parlament tagte und heute die Philharmonie zu Hause ist, hat spannende Gegenwartskunst das Sagen.
📖 D 4, www.galerierudolfinum.cz

Muße für Museen

Mit seinem weltweit unübertroffenen Schatz an historischen Bauwerken ist Prag für viele das größte Freilichtmuseum der Welt. Tatsächlich empfehle ich vor allem Architektur-Liebhabern, einfach den Blick zu heben und mit offenen Augen durch die Altstadt zu schlendern. Darüber hinaus stehen in Prag einige der beeindruckendsten Museen in ganz Europa, die Sie sich keinesfalls entgehen lassen sollten: Zu den absoluten Highlights jedes Besuchs zählt das **Jüdische Museum,** das sechs beeindruckende Locations unterhält. Wegen der großen Beliebtheit sind die Warteschlangen lang. Mein Tipp: Kaufen Sie Ihr Ticket online und sparen Sie Zeit und Geld! Zu den absoluten Musts zählen außerdem die Museen und Räumlichkeiten der **Prager Burg,** für die es ebenfalls ein Sammelticket gibt. Für Jugendstil-Fans ist das **Mucha-Museum** ein attraktives Ziel. Darüber hinaus verfügt die Prager **Nationalgalerie** über insgesamt acht Standorte, allen voran das Museum zeitgenössischer und moderner Kunst im **Prager Messepalast.** Die Filialen der Nationalgalerie sind in der Regel Di–So 10–18 Uhr geöffnet. Der Eintritt beträgt – sofern nicht anders angegeben – 150 Kč.

KOSTENGÜNSTIGER TÜRÖFFNER

Wenn Sie nur kurz in Prag sind, aber sich viel anschauen möchten, ist die **Prague Card** für Sie genau richtig. Sie gilt für zwei, drei oder vier aufeinanderfolgende Tage und berechtigt zum freien Eintritt in mehr als 60 Sehenswürdigkeiten, darunter die Prager Burg, das Jüdische Museum sowie die wichtigsten Palais, Schlösser und Museen. Der Erwachsenenpreis von 71–88 € enthält auch ein 150-seitiges Booklet, schließt vor allem aber die kostenlose Benutzung der öffentlichen Verkehrsmittel ein. Die Prague Card gibt es bei allen Infostellen des Prague Information Service, in den Büros von Čedok (Na Příkopě 18), am Bahnhof Holešovice sowie in ausgewählten Hotels und Museen. www.praguecard.com

Temporär zu sehen: Muchas monumentaler Gemäldezyklus »Slawisches Epos«

Erinnerungsorte der Zeitgeschichte

Sowohl der Nationalsozialismus, als auch der Kommunismus haben in Prag blutige Spuren hinterlassen. Zahlreiche Museen und Mahnmale halten die Erinnerung an diese finsteren Kapitel der Stadtgeschichte wach.

Die Namen der Opfer
Pinkassynagoge Karte 2, D 5
Seit 1996 ist die Synagoge in Josefstadt eine Gedenkstätte für die jüdischen Opfer des Nationalsozialismus. An die 80 000 Namen der Ermordeten mit Geburts- und Todesdatum sind auf den Wänden des Vestibüls, des Haupt- und Frauenschiffs und der Empore verewigt. In einem Nebenraum zeigt eine Dauerausstellung Kinderzeichnungen und Briefe aus dem KZ Theresienstadt.
Široká 3, Prag 1, T 222 74 92 11, www.jewishmuseum.cz, Metro A: Staroměstská, Nov.–März 9–16.30, April–Okt. 9–18 Uhr, an jüdischen Feiertagen geschl., einer von sechs historischen Orten des Jüdischen Museums, Sammelticket 350 Kč

Atomares Gruselkabinett
Atombunker im Hotel Jalta F 6
Einst kannten nur Auserwählte den wahren Zweck des Hotels Jalta: Das luxuriöse Haus am Wenzelsplatz diente als Tarnung für einen aufwändigen Bunkerkomplex, der die kommunistische Nomenklatura im Falle eines Krieges schützen sollte. 1998 wurde das Geheimnis des Hotels offen gelegt. Seitdem kann der Bunker besichtigt werden. Tickets über die Webseite des nach wie vor in Betrieb befindlichen Hotels.
Václavské náměstí 45, Prag 1, T 222 82 21 11, www.hoteljalta.com, Führungen auf Engl. tgl. 14.30, 16 u. 17.30 Uhr, Metro A/B: Můstek

Helden des Widerstandes
Nationale Gedenkstätte in der Kirche St. Kyrill & Method D 7
Hier wird jener sieben tschechischen Fallschirmjäger gedacht, die 1942 den Reichsprotektor Reinhard Heydrich bei einem Attentat ermordeten. Nach dem An-

schlag verschanzten sie sich in der Kirche und fielen im Kampf mit der Waffen-SS. Noch heute zeugen Einschusslöcher von den Gefechten. Eine kleine bewegende Ausstellung beschreibt die Geschehnisse.
Resslova 9a, Prag 2, www.katedrala.info, Metro: Karlovo náměstí, tgl. mehrere Std. geöffnet, aber zu variablen Zeiten, Eintritt frei

Der Takt der Zeit
Metronom D 4
Hier stand das größte Stalin-Monument in Europa, 7000 m³ Granit waren zu seiner Errichtung notwendig gewesen. Doch der Personenkult war nicht von langer Dauer. 1956 befahl Moskau, das mittlerweile nicht mehr opportune Relikt der Stalin-Ära zu beseitigen. Lange bleib der überdimensionale Sockel leer, in den 1990er-Jahren begann der Bildhauer Karel Novák auf ihm ein riesiges Metronom zu errichten. Es gibt den Pragern bis heute den Takt vor und erinnert an die Vergänglichkeit der Macht.
Nábřeží Edvarda Beneše, Prag 7, Tram: Čechův most

Moskaus eiserne Faust
Museum des Kommunismus
 Karte 2, E 6
Ironischerweise in einem Adelspalast zwischen Casino und McDonalds untergebracht, dokumentiert das Museum die bleiernen Jahre der CSSR (1948–89). Drei Räume, vollgestopft mit Memorabilia, informativem Bild- und Textmaterial über Politik und Propaganda, Alltag, Wirtschaft, Militär-, Sport, Erziehung und Spitzelwesen hinter dem Eisernen Vorhang. Interessant und ergreifend.
Na Příkope 10, Prag 1, T 224 21 29 66, muzeum komunismu.cz, Metro A/B: Můstek, 380 Kč

Literarische Reise durch Prag

Franz Kafka, Franz Werfel, Václav Havel, Egon Erwin Kisch: Prag als Heimat und Wirkstätte großer Dichter ist gespickt mit einschlägigen Erinnerungsorten. Unterwegs in der Stadt kann man ihnen vor Denkmälern, in Cafés und Museen die Reverenz erweisen.

Eine Hass-Liebe

Franz-Kafka-Museum 🏛 C/D 5

Am Kleinseitner Moldau-Ufer zeichnet das Museum die Beziehung Franz Kafkas zu seiner Heimatstadt nach. Der erste Teil der Ausstellung dokumentiert die wichtigsten Ereignisse seines Lebens in der Stadt, der zweite Teil, wie Kafka die physische Realität Prags und sein Leben zu einem metaphorischen Bild werden lässt. Spannend!

Cihelná 2b, Prag 1, T 257 53 53 73, www.kafkamuseum.cz, tgl. 10–18 Uhr, Metro A: Malostranská, 200 Kč

Sie lebt!

Prager Literaturhaus 🏛 E 7

In diesem Kulturzentrum lebt die deutschsprachig-jüdische Kultur der 1920er- und 1930er-Jahre weiter in einer kleinen, aber feinen Ausstellung, Lesungen und andere Veranstaltungen.

Er hatte stets das Schicksal der kleinen Leute im Blick, seine Reportagen inspirierten Generationen junger Journalisten. Geboren und gestorben ist **Egon Erwin Kisch** in Prag, wo er schon in jungen Jahren als Rasender Reporter das Genre der Sozialreportage perfektionierte. Was der große Humanist unter den Journalisten wohl zur fortschreitenden Sensationsgier manch zeitgenössischer Medien sagen würde?

Außerdem gibt es hier eine gut sortierte Bibliothek deutschsprachiger Literatur.

Ječná 11, Prag 2, T 222 54 05 36, www.prager-literaturhaus.com, Di, Do 10.30–12.30, 13–16.30 Uhr, Metro: I.P. Pavlova, Veranstaltungsprogramm laut Aushang, Eintritte variabel

Blick ins Innere

Kafka-Denkmal 🏛 Karte 2, E 5

»Prag lässt mich nicht los«, schrieb Franz Kafka einst. Stark spürbar und sichtbar wird die rätselhaft bedrohliche Atmosphäre, die er in seinem Werk beschwört, beim Anblick jenes Denkmals, das ihm die Geburts- und Heimatstadt anlässlich seines 120. Geburtstags gesetzt hat. Die 3,75 m hohe Bronzestatue zeigt in Anspielung auf eine Szene aus der Novelle »Beschreibung eines Kampfes« eine kleine Figur, die auf den Schultern einer körperlosen Hülle reitet.

Dusní/Ecke Vězeňská, Prag 1, Metro: Staroměstská

Wo die Literaten Kaffee tranken

Café Montmartre 🏛 Karte 2, D 5

Dass Literaten eine besondere Neigung zu verrauchten Cafés pflegen, ist bekannt. In Prag hielten sich Kafka, Franz Werfel oder Kisch, aber auch tschechischsprachige Autoren wie Jaroslav Hasek besonders häufig im Café Montmartre auf. Während des Kommunismus geriet das Kaffeehaus in Vergessenheit. In den 1990er-Jahren erwarb ein literaturbegeisterter Gastronom das Haus und erweckte das Café zu neuem Leben. Zu den Stammgästen soll auch Václav Havel gehört haben.

Řetězová 7, Prag 1, T 601 36 41 37, Mo–Fr 10–22, Sa/So ab 15 Uhr, Metro A: Staroměstská

Agent Provocateur: David Černý

Die einen hassen ihn für seine provokanten, autoritätsverachtenden Arbeiten, die anderen feiern ihn als Sprachrohr im Kampf gegen ein korruptes System. Wenn Bildhauer David Černý seine Arbeiten im öffentlichen Raum platziert, ist er in aller Munde (▶ S. 15).

Eine Hand wäscht die andere
Brown-nosing 🗺 A 7
Es ist nicht ganz einfach, die vor dem Kulturzentrum FUTURA stehende Skulptur zu beschreiben, ohne explizit zu werden: Betrachter klettern über eine Leiter in den Hintern einer überlebensgroßen Figur, wo sich zwei bekannte tschechische Politiker auf einem Videoscreen liebevoll füttern. Dazu ertönt »We are the champions«. Systemkritik pur!
Holečkova 4, Prag 5, www.futuraproject.cz, Metro B: Holečkova

Ferngesteuerter Strahl
Piss 🗺 C 5
Auch die Skulptur beim Kafka-Museum ist ein ironisch-komischer Kommentar auf die Lage der Nation. Zwei Männerfiguren erleichtern sich in ein Becken, das die Umrisse der tschechischen Republik hat. Mit ihrem Strahl schreiben sie Zitate ins Wasser, die von Passanten via SMS gesendet werden.
Cihelná 2b, Prag 1, Metro A: Malostranská

Fast auf den Kopf gefallen
Svaty Vaclav 🗺 E 6/7
Mitten im repräsentativen Palais Lucerna hängt eine Reiterstatue der etwas anderen Art. Der Nationalheilige Wenzel sitzt auf einem Pferd, das kopfüber von der Decke hängt und so den Kult um nationale Helden persifliert.
Štěpánská 61, Prag 1, Metro A/B: Můstek

Schwere Geburt
Embryo 🗺 Karte 2, D 5
In der Nähe der Karlsbrücke kann man den ›Embryo‹ entdecken, der wie ein Kokon in einer Dachrinne an der Hauswand des Divadlo Na zábradlí hängt, als würde er sich durch einen Geburtskanal pressen.
Divadlo Na zábradlí/Ecke Anenské Námesti, Prag 1, Metro A: Staroměstská

Hängt ihn höher
Man hanging out 🗺 Karte 2, D 6
Wer hängt denn da schon wieder? Tatsächlich handelt es sich um Sigmund Freud, den Begründer der Psychoanalyse. Mit diesem Kunstwerk stellt Černý die Frage nach der Rolle der Intellektuellen in der heutigen Gesellschaft. Seine These: Die Intelligenzia hängt in der Luft und am seidenen Faden.
Husova 1, Prag 1, Metro A/B: Můstek

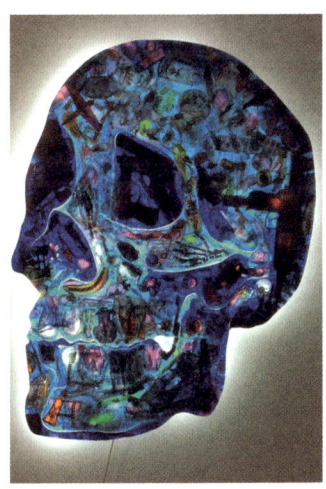

Der Provokationsprofi kann auch mondän: David Černýs Skulptur »The Skull« (2015).

Pause. Einfach mal abschalten

Die Prager lieben ihre Parks, Gärten und unbebauten Hügel. Kein Wunder, machen sie doch einen Gutteil der Lebensqualität ihrer Stadt aus. Tun Sie es Ihnen nach und lassen Sie sich die wunderbaren Erholungsorte der Einheimischen nicht entgehen.

Tierisch vergnüglich
Zoo und Botanischer Garten
🗺 außerhalb D 1
Prags Zoo zählt zu den attraktivsten Europas und genießt auch in Fachkreisen einen hervorragenden Ruf. Auf einem 60 ha großen Areal direkt an der Moldau begegnen Sie hunderten Tierarten. Als besondere Highlights empfehle ich Ihnen den Indonesischen Regenwald, den Gorilla-Pavillon, die Bestände an Komodo-Waranen sowie den Kinderzoo. Sehenswert ist auch der direkt angrenzende Botanische Garten (Botanicka Zahrada) mit dem historischen Weinberg der hl. Klara und Japanischem Garten.

U Trojského zámku 3, Prag 7, www.zoopraha. cz, Metro: Nádraží Holešovice, Jan./Febr. 9–16, März 9–17, April/Mai 9–18, Juni–Aug. 9–21, Sept./Okt. 9–18, Nov./Dez. 9–16 Uhr, 250 Kč

Der idyllische **Havlíček-Park** (🗺 außerhalb F 8) zwischen Vinohrady und Vršovice wartet mit mancher Kuriosität auf: etwa einem Weingarten, einer Kaskade, einer Grotte und der weit sichtbaren **Villa Gröbe,** ein im Neorenaissance-Stil erbautes Herrenhaus mit einer spannenden Geschichte. Moritz Gröbe suchte sich für seinen Familiensitz im 19. Jh nämlich ausgerechnet einen Ort aus, an dem bereits Karl IV. 1356 einen Weinberg hatte errichten lassen.

Havlíčkovy sady, Prag 2, Metro: Náměstí Míru

Entspannen bei toller Aussicht
Letná-Park 🗺 D/E 3/4
Möchten Sie ach den vielen Besichtigungen ausführlich im Grünen Energie tanken? Dann ziehen sich an den Hügel Letenské Sady zurück und genießen Sie die großartige Aussicht auf die Stadt. Für Ihr leibliches Wohl sorgt ein beliebter Biergarten mit günstigem Bier. Viele Einheimische bringen das dazugehörige Essen einfach selbst mit und machen es sich im Park bequem.

Letenské sady, Prag 7, Tram: Čechův most

Prags größtes Grün
Stromovka-Park 🗺 E/F 1/2
Ein Stück nördlich vom Letná-Park befindet sich der Baumgarten (Stromovka). Die früheren Jagdgründe des Adels wurden im 19. Jh zum öffentlichen Park und erfreuen sich größter Beliebtheit bei den Pragern. Auch hier locken Ausflugslokale zur Einkehr, auf den langen, wetterfesten Wegen kommen Laufbegeisterte und Nordic-Walker auf ihre Kosten.

Stromovka, Prag 7, Tram: Výstaviště Holešovice

Mythischer Hügel
Vyšehrad 🗺 D 9/10
Der steile Fels, der südlich der Neustadt das Moldau-Ufer überragt, gilt als frühester Herrschersitz der Přemysliden. Die historischen Baudenkmäler, der schöne Park und die traumhafte Aussicht lohnen den Ausflug allemal!

V Pevnosti 5b, Prag 2, Metro: Vyšehrad

Am hippen Moldau-Ufer
Náplavka 🗺 C/D 7/8
Grau statt grün: An der Moldau zwischen der Jirásek Brücke und der

Der luftige Prager Sommer atmet Freiheit – erst recht am Moldaukai.

Palacký Brücke befindet sich ein Uferabschnitt, den im Sommer Prags junge Hipster bevölkern. Jeden Samstag findet außerdem ein Bauernmarkt statt.
Rašínovo nábřeží, Prag 2, Metro: Karlovo náměstí

Abends im Park
Rieger Park (Riegrovy Sady)
🗺 G/H 7
Zwischen den Stadtteilen Vinohrady und Žižkov treffen sich die Einheimischen zum Entspannen und Biertrinken. Besonders empfehlenswert ist ein Besuch des Rieger Biergartens. Mit den vielen umliegenden Restaurants eignet sich der Park ideal zum Entspannen vor einem Abendessen.
Riegrovy sady, Prag 2, Metro: Jiřího z Poděbrad

Ort der ewigen Ruhe
Friedhof Olšany (Olšanské hřbitovy)
🗺 außerhalb H 7/8
Der Prager Olšany-Friedhof ist nicht nur wegen der zahlreichen Kunstwerke und Ehrengräber einen Besuch wert. Für die Bewohner Prags ist Olšany ein beliebtes Ziel für ausgiebige Sonntagsspaziergänge. Warum nicht einfach mitgehen?
Vinohradská 153, Prag 3, Metro A: Želivského

Romantische Zweisamkeit
Parks auf dem Petřín (Petřínské sady) 🗺 A/B 5/6
Ein traumhafter Ort für Verliebte sind die Gärten des Laurenzibergs (Petřín). Wenn im Frühling hunderte Obstbäume im Seminargarten (Seminářská zahrada) und tausende Rosen im Rosengarten (Růžový sad) blühen, könnte es entspannender kaum sein. Ideal für ein Picknick im Freien oder ein romantisches Stelldichein.
Petřínské sady, Prag 1, Tram 1, 5, 7, 9, 12, 13: Újezd

Lustwandeln im Barock
Schlossgarten Troja (Zámecký park Troja) 🗺 außerhalb D1
Das prächtige Schloss ließ sich Graf Wenzel Adalbert von Sternberg um 1680 auf dem Gelände seines damaligen Weinguts errichten. Eingebettet ist es in einen barocken Garten nach französischem Vorbild mit einer großen zentralen Brunnenanlage, in dem es sich bei Sonnenschein herrlich flanieren lässt.
U trojského zámku, Bus 112: Zoologická zahrada

PERIPHERIE MIT PREISVORTEIL

Budgetschonender und oft kein bisschen schlechter als im Zentrum übernachten Sie in der **südlichen Neustadt** und in **Vinohrady.** In den letzten Jahren schießen auch in den früher unansehnlichen Bezirken **Žižkov, Smíchov, Karlín** und **Holešovice** schöne Bleiben wie Pilze aus dem Boden. Kleiner Hinweis: Der besseren Vergleichbarkeit wegen sind die Zimmerpreise in diesem Kapitel in Euro angegeben. Zwischen Haupt- und Nebensaison herrschen teils starke Schwankungen.

Wenn die Nebensache zur Hauptsache wird

Für viele Urlauber soll das Hotelzimmer in erster Linie ein sicherer und möglichst angenehmer Ort zum Übernachten sein. Doch warum nicht einmal die Nebensache zur Hauptsache machen? Der Facettenreichtum Prags überträgt sich auch auf die Hotels. In den letzten Jahren haben in Prag jede Menge kleine Boutique-Hotels, freundliche Pensionen und hippe Hostels eröffnet, bei denen der Aufenthalt im Zimmer schon mal zum Highlight des Urlaubs werden kann.

Da findet man sich dann plötzlich in der Mansarde eines gotischen Gemäuers wieder oder in einem Zimmer mit Goldfisch. Diese Vielfalt macht jeden Aufenthalt zu einem ganz besonderen Erlebnis. Warum also nicht bei einem mehrmaligen Pragbesuch ruhig auch einmal das Hotel wechseln?

Übernachten in Prag ist keine billige Angelegenheit, wobei die Preise mit der Distanz zur Altstadt deutlich abnehmen. So manches Hostel bietet außer Backpacker-Schlafsälen auch einwandfreie Doppelzimmer an, die einem Hotelzimmer um nichts nachstehen, aber deutlich günstiger zu haben sind. Familien und Gruppen sollten Apartments in Erwägung ziehen. Vor allem, wenn man selbst kocht, kommt das billiger, als Hotelzimmer. Dafür bietet sich die Buchungsplattform Airbnb an, die – nicht immer zur Freude der Hotellerie – auch in Prag floriert. Seien Sie offen für Neues.

Staubiger Historismus war gestern: stylischer Empfang im Hotel Maximilian

Mit schnörkellosem Viersternekomfort heißt Sie das Hotel Josef in der Altstadt willkommen.

GÜNSTIG UND NETT

Gemütlich unterm Dach
Betlem Club 🏨 Karte 2, D 6
Gegenüber der ehemaligen Wirkstätte des Kirchenreformers Jan Hus wohnt es sich komfortabel und besonders behaglich in den Mansardenzimmern (Aufzug vorhanden). Barocke Fassade, gotisches Gemäuer, ausgestattet in liebenswürdigem Stilmischmasch.
Betlémské náměstí 9, Prag 1, T 222 22 15 74/5, www.betlemclub.cz, Metro A/B: Můstek, DZ ab 74 €

Mitten im Szeneviertel
Czech Inn 🏨 H 9
Das bequeme und stylische Hostel ist nicht nur für Backpacker eine der Top-Adressen in der Stadt. Die Einzel- und Doppelzimmer haben Hotelqualität und überzeugen durch einen guten Preis. Ideal für Junge und Jung-Gebliebene ist auch die Lage zwischen den Szenevierteln Vinohrady und Vršovice an der Hipstermeile Krymská. So mancher Abend endet hier statt in der Altstadt in einer der zahlreichen Kneipen im Quartier.

Francouzská 76, Prag 10, T 210 01 11 00, www.czech-inn.com, Metro A: Náměstí Míru, DZ ab 53 €

Fast wie zuhause
Miss Sophie's & Sophie's Hostel 🏨 E 8
Das kleine Boutique-Hotel ist sehr geschmackvoll und heimelig eingerichtet. Das sympathische Haus vereint ein Hotel und ein Hostel unter einem Dach und eignet sich ideal für jüngere Pärchen und kleine Gruppen, die sich den üblichen Hostel-Rummel ersparen möchten. Unschlagbares Preis-Leistungs-Verhältnis!
Melounova 3, Prag 2, T 246 03 26 20, www.miss-sophies.com, Metro C: I.P. Pavlova, DZ ab 70 € (drei weitere Adressen in der Stadt)

Geheimtipp für Schnäppchenjäger
U Svaté Ludmily 🏨 G 8
Günstiger geht's nicht: In dem von Franziskanern betriebenen Schüler- und Studentenheim stehen im Juli/August und an Wochenenden für insgesamt 140 Gäste Zimmer zur Verfügung, während der Schulzeit nur 15 Betten. Einfach, freundlich und sehr sauber, aber auch für Familien gut geeignet. Im 5. Stock Aussichtsterrasse, in jedem Stock gibt es

In fremden Betten

Attraktion der etwas makabren Art: Im Unitas Prison Hotel, einem ehemaligen Gefängnis, können Sie in jener Zelle nächtigen, in der Václav Havel lange Zeit einsaß.

eine Küche für Selbstversorger. Rechtzeitig reservieren!

Francouzská 1, Prag 2, T 721 04 17 36, www.kdm.cz, Metro: Náměstí Míru, DZ ab 15 €, Frühstück und Lunch jeweils 2,90 € extra

Hostel-Feeling
Sir Toby's 🏠 östlich von H 2
Das 1999 eröffnete Sir Toby's zählt in der schnell wachsenden Prager Hostel-Landschaft bereits zum alten Eisen. Doch der Erfolg gibt dem Haus Recht, das seit Beginn auf die Kombination von freundlicher Atmosphäre und guten Preisen setzt. Das Haus befindet sich im angesagten Stadtteil Holešovice, der sich vom Arbeiterbezirk mehr und mehr zum In-Viertel wandelt. Wer auf abendliche Ausgeh-Abenteuer und günstige Preise aus ist, wird hier seine Freude haben.

Dělnická 24, Prag 7, T 210 01 16 10, www.sirtobys.com, Metro C: Vltavská, DZ ab 36 €

....
STILVÕLL WÕHNEN
....

Bierige Freuden
U Medvídků 🏠 Karte 2, D 6
In diesem Haus verfolgt Sie das Bier bis in den Schlaf. Im historischen Braugast-

hof aus dem 15. Jh. schlafen Sie unter gotischen und barocken Deckenbalken. In der hauseigenen Brauerei dürfen Gäste sich selbst im Bierbrauen versuchen!

Na Perštýně 7, Prag 1, T 224 21 19 16, http://www.umedvidku.cz, Metro B: Národní třída, DZ ab € 115 €

Für Verliebte
Miss Sophie's Charles Bridge 🏠 C 5
Hier geht es romantisch zu: Im obersten Stock eines Rokoko-Hauses aus dem 18. Jh. befinden sich neun kuschelige Zimmer für Verliebte. Auch die Lage lässt die Herzen höher schlagen: direkt neben der Karlsbrücke und der Kirche St. Nikolaus. Was will man mehr?

Malostranské námestí 28, Prag 1, T 210 01 15 10, miss-sophies.com, Metro A: Malo-stranská, DZ ab 55 €

Junges Design-mit Charme
Hotel Josef 🏠 Karte 2, E/F 5
Dieses sehr schöne, moderne und helle Haus befindet sich ebenfalls mitten im Zentrum von Prag und besticht durch tolles Preis-Leistungs-Verhältnis. Ausgestattet wurde es von der in Tschechien sehr bekannten Architektin Eva Jiřičná. Tipp: Buchen Sie direkt auf der Webseite

des Hotels. Dort bekommen Sie laut Versprechen des Hauses immer den günstigsten Preis.
Rybná 20, Prag 1, T 221 70 01 11, hoteljosef. com, Metro B: Náměstí Republiky, DZ ab 85 €

Zimmer mit Goldfisch
Maximilian 🏠 Karte 2, E 4
Wollten Sie Ihr Hotelzimmer immer schon mit einem Goldfisch teilen? Dann sind Sie im Maximilian richtig. Hier gibt es auf Wunsch ein Aquarium zum komfortablen Zimmer. Um das Füttern der kleinen Zimmergesellen sorgt sich das Personal. Weitere Pluspunkte im Maximilian sind die Top-Lage und das wirklich freundliche Personal!
Haštalská 14, Prag 1, T 225 30 31 11, www. maximilianhotel.com, Metro A: Staroměstská, DZ ab 88 €

Nachhaltig nächtigen
Adalbert 🏠 westlich von A 4
Liegt Ihnen auch im Urlaub die Nachhaltigkeit am Herzen? Dann sind Sie im Hotel Adalbert richtig. Es bekam als eines der ersten Hotels in Tschechien das EU-Ecolabel und legt hohen Wert auf die Umweltverträglichkeit seiner Leistungen. Besonders ist auch die Lage im Kloster Břevnov. Die Zimmer sind schlicht, aber geschmackvoll eingerichtet und das Essen in der Klosterschenke mundet vortrefflich.
Markétská 1, Prag 6, T 220 40 61 70, www. hoteladalbert.cz, Metro A: Petřiny, DZ ab 68 €

Kunstvoll das Leben genießen
Hotel Hoffmeister & Spa 🏠 C 4
Kunstsinnig und luxuriös ist diese Unterkunft am Fuße der Prager Burg. Highlight des Hotels ist definitiv der edle Wellness-Bereich im historischen Kellergewölbe. Ideal zur Entspannung nach einem langen Sightseeing-Tag.
Pod Bruskou 7, Prag 1, T 251 01 71 11, www.hoffmeister.cz, Metro A: Malostranská, DZ ab 80 €

Auf Gefängnisurlaub?
Unitas Prison Hotel 🏠 Karte 2, D 6
Preiswertes und tadelloses Quartier in einem ehemaligen Kloster. Zentrale Altstadtlage. Originell: Die einstigen Mönchszellen im Kellergewölbe wurden bis 1989 von der Geheimpolizei für Verhöre genutzt und dienen heute als Gästezimmer. In Zelle P6 verbrachte Václav Havel als politischer Häftling etliche Nächte.
Bartolomějská 9, Prag 1, T 224 23 05 33, www. unitas.cz, Metro B: Národní třída, DZ ab € 122

Gesegnete Nachtruhe
The Augustine 🏠 C 5
Ein Luxushotel mit dem besonderen Etwas. Wie der Name schon andeutet, ist untergebracht in einem in Betrieb befindlichen Augustinerkloster. Aber keine Sorge: Als Gast des Hotels leben Sie hier nicht in Mönchsaskese, sondern wie im Paradies.
Letenská 33, Prag 1, T 266 11 22 33, www. augustinehotel.com, Metro A: Malostranská, DZ ab € 380

Exklusiv und modern
Emblem 🏠 Karte 2, D 5
Ein stylisches Hotel der gehobenen Preisklasse, mitten im Herzen der Prager Altstadt. Geboten werden hier nicht nur regelmäßig Kulturveranstaltungen für die Gäste, sondern auch ein hauseigenes Spa und ein großartiges Steak-Restaurant (George Prime Steak). Das Haus zählt zu den teuren Adressen, bietet aber eine absolute Top-Qualität, wunderschöne Zimmer und freundlichen Service für alle, die mehr von einem Hotel erwarten.
Platnéřská 19, Prag 1, T 226 20 25 00, emblem prague.com, Metro A: Staroměstská, DZ ab 280 €

Will wohnen an Bord
Botel Albatros 🏠 Karte 2, F 4
Eines von mehreren ›Botel‹ genannten Hotelschiffen auf der Moldau. Es liegt östlich der Josefstadt in fußläufiger Nähe zu den wichtigsten Attraktionen der Altstadt vor Anker. Sauber und preiswert, aber ziemlich eng und zu weit flussabwärts, um Traumblicke auf Hradschin oder Karlsbrücke zu erhaschen.
Nábřeží Ludvíka Svobody 1, Prag 1, T 224 81 05 47, www.botelalbatros.cz, Metro B/C: Florenc, DZ ab € 60

Die neue Vielfalt

Vor der Goldgräberzeit der 1990er-Jahre war die Prager Gastronomie berüchtigt. Schweinernes mit Saft und Knödel, Rinderschnitzel und Würste dominierten das Angebot. Dazu gab es das unerlässliche Pilsener Bier, Blechbesteck und als Speisekarte ein Blatt Papier in fleckiger Klarsichtfolie. Doch diese kulinarische Ödnis ist längst Schnee von vorgestern. Heute eröffnen beinahe täglich neue Restaurants und Kneipen mit modernem Styling und außergewöhnlichen Konzepten.

Ein wesentliches Kennzeichen dieser rapiden Wiederbelebung ist die enorme Gegensätzlichkeit der Angebote: Alteingesessene, bodenständige Lokalitäten kredenzen wie ehedem einfache und preisgünstige Kost. Doch gleich nebenan zelebrieren zugewanderte oder junge, von Auslandsaufenthalten inspirierte Küchenchefs in ihren Gourmet-Tempeln kulinarische Hochämter – und das zu sehr guten Preisen! Und auch die weite Welt hat in den Küchen Einzug gehalten. Ob fernöstlich, mexikanisch oder mediterran, ob Borschtsch, Mezze oder Fish'n'Chips: Längst lässt sich hier jeder nur erdenkliche Geschmack stillen. Dass dabei nicht alles Gold sein kann, was glänzt, liegt in der Natur der Sache.

ZUM SELBST ENTDECKEN

Am besten lernen Sie Prags kulinarische Tradition und zugleich die aktuellen Gastro-Trends kennen in der zentral gelegenen **Dlouhá.** Hier reihen sich einige der besten Lokale der Stadt aneinander. Von traditionellen Kneipen über Gourmet-Restaurants und Imbissständen bis hin zu den unvermeidlichen Touristenfallen reicht das Angebot. Immer mehr tolle Restaurants finden Sie aber auch im Stadtteil Vinohrady, rund um den Náměstí Míru sowie entlang der Francouzská und weiter stadtauswärts an der Krymská.

Trdelník, ein süßer Fastschonklassiker, gefüllt mit gehackten Walnüssen, Mandeln oder Aprikosenkernen

SO BEGINNT EIN GUTER TAG IN PRAG

Die hohe Kunst des Frühstückens
Café Savoy 🔵 C 6

Die Prager Kaffeehaus-Institution auf der Kleinseite ist für Foodies ein Muss. Deshalb empfiehlt es sich vor allem am Wochenende, vorab einen Tisch zu reservieren. In wunderschöner Art-déco-Atmosphäre schmaust man hier Croissants, Brioche und French Toast. Mein Tipp: Am besten bereits vor dem Frühstück die nahe gelegene Karls-brücke besichtigen und den Touristen-massen zuvorkommen!

Vítězná 5, Prag 5, T 731 13 61 44, http://cafesavoy.ambi.cz, Mo–Fr 8–22.30, Sa/So 9–22.30 Uhr, Metro B: Národní třída, Savoy-Frühstück ab 250 Kč

An der Hungermauer
Cafe Bar 3+1 🔵 C 6

Direkt an der berühmten Hungermauer von Karl IV. hat sich diese gemütliche Café-Bar einquartiert. Hungrig bleibt man hier aber keineswegs, denn in bohemienhaft-heimeliger Lounge-At-mosphäre werden originell und üppig belegte Sandwiches, Toasts, Bagels, dazu diverse süffige Weine, Biere, aber auch feiner Kaffee kredenzt. An Wochenenden gibt es zusätzlich auch noch ein herzhaftes Frühstücksangebot. Tipp: der gegrillte Camembert mit einem Gläschen feinen Roten.

Plaská 10, Prag 5, T 257 31 36 33, Mo–Fr 14–2, Sa/So 9–3 Uhr, Snacks ab 120 Kč

Frühstücken in der Vorstadt
Café Jen 🔵 östlich von H 9

Die jungen Inhaber des Café Jen im aufstrebenden Stadtteil Vršovice haben sich auf drei Dinge spezialisiert: Kaffee, Frühstück und Kuchen. Alle drei werden mit ganz viel Liebe zubereitet und schmecken in der wunderbar hippen Atmosphäre. Da im kleinen Café nicht viel Platz ist, empfiehlt es sich vorab zu reservieren.

Kodaňská 37, Prag 10, T 604 32 99 04, www.cafejen.cz, Mo–Fr 7.30–18, Sa/So 9–16 Uhr, Metro A: Flora, Frühstücksgerichte ab 80 Kč

Prags kulinarischer Steve Jobs? Für viele mag der in der Stadt verbreitete Vergleich mit dem Apple-Visionär etwas übertrieben sein, doch mit seiner Kette **Ambiente** hat **Tomas Karpisek** die gastronomische Landschaft Prags auf den Kopf gestellt. Nach Lehrjahren als Koch in Österreich begann der damals 23-Jährige in den 1990er-Jahren ein Lokal nach dem anderen aufzubauen. Die nach kulinarischer Innovation dürstenden Prager rannten ihm die Türen ein. Heute besitzt er über ein Dutzend der angesagtesten Restau-rants, Bistros und Kneipen der Stadt, etwa das Dlouháááá (▶ S. 94), das Café Savoy (s. o.) und das Eska (s. u.). Insider beschreiben den Selfmademan als freundlichen und bescheidenen Zeitgenossen, dem es in erster Linie um eines geht: sehr gutes Essen.

Alle Restaurants von Ambiente finden Sie im Internet unter www.ambi.cz

WO ESSEN AUF NACHHALTIGKEIT TRIFFT

Industrie-Chic
Eska 🔵 östlich von H 5

Back to the Roots – diese Idee steckt hin-ter dem hippen Restaurant Eska, das sich im ebenso angesagten Stadtteil Karlín niedergelassen hat. Hier wird nicht aus-schließlich vegetarisch gekocht, aber viele der aus regionalen Zutaten produzierten Speisen kommen ohne Fleisch aus, und jedes Gericht ist ein kleines kulinarisches Meisterwerk. Sehr empfehlenswert ist auch die hauseigene Bäckerei, in der nach Bio-Richtlinien Brot und süße Köstlichkei-ten gebacken werden.

Pernerova 49, Prag 8, T 731 14 08 84, eska.ambi.cz, Mo–Fr 11.30–15, 17.30–23.30, Sa/So 9–23.30 Uhr, Metro B: Křižíkova, Hauptspeisen ab 165 Kč

Oldrich Sahajdak ist Chef im Luxusrestaurant La Degustation Bohème Bourgeoise.

Vegetarischer Platzhirsch
Estrella ● D 7
Die Zeiten, in denen Prag als vegetarische Wüste galt, sind längst vorbei. Bestes Beispiel dafür ist das Estrella, ein kleines, feines vegetarisches Restaurant im Zentrum von Prag. Auf der Speisekarte stehen internationale Klassiker wie Curries und Salate, Mezze und der köstliche Quinoa-Spinat-Burger. Absolut empfehlenswert, auch für Fleischesser.
Opatovická 17, Prag 1, T 777 43 13 44, estrella restaurant.cz, tgl. 11.30–22.30 Uhr, Metro B: Národní třída, Hauptspeisen ab 155 Kč

MODERNE REGIONALITÄT

Vegetarischer Klassiker
Lehká hlava ● Karte 2, D 6
Das bekannteste unter Prags vegetarischen Restaurants ist oft bis auf den letzten Platz gefüllt, also reservieren! Wer einen Platz ergattert hat, darf sich über spannende kulinarische Kreationen freuen. Auch vegane Optionen stehen immer auf der Karte.
Boršov 2, Prag 1, T 222 22 06 65, www.lehka hlava.cz, Mo–Fr 11.30–23.30, Sa/So 12–23.30 Uhr, Metro A/B: Můstek, Hauptspeisen ab 200 Kč

Kreuzberg lässt grüßen
La Boheme Café ● G 8
Im ehemals bürgerlichen Wohnviertel Vinohrady finden sich jede Menge stylische Kaffeehäuser, die man eher in Berlin oder New York vermuten würde. Eines der gemütlichsten und schönsten ist das La Boheme. Zu trinken gibt es hier ausschließlich fair und direkt gehandelten Tee und Kaffee, dazu serviert man köstliche Kuchen. Wer möchte, kann Kaffeekannen, -mühlen und -maschinen aus dem angeschlossenen Shop mit nach Hause nehmen.
Sázavská 32, Prag 2, T 734 20 70 49, www.labohemecafe.cz, Mo–Fr 9–18, Sa 9–15, So 13–18 Uhr, Metro A: Náměstí Míru

Pure Fleischeslust
The Real Meat Society ● D 7
In dieser kleinen Metzgerei werden Regionalität und höchste Qualität groß geschrieben. Vielleicht strömen die Prager genau deswegen in Scharen in diesen Laden. Wer auf der Suche nach argentinischem Rind ist, der wird freilich nicht fündig, denn hier gibt's nur ›richtiges Fleisch‹, soll heißen: aus regionaler Herkunft. Die hausgemachten Burger sind eine Offenbarung, aber auch alle anderen Gerichte sind köstlich.

Náplavní 5, Prag 2, T 739 02 25 97, www.trms.cz,
Straßenbahn: Jiráskovo náměstí, Di, Mi 10–18, Do,
Fr bis 19, Sa bis 17 Uhr, Hauptspeise ab 185 Kč

Spitzenköche unter sich
La Degustation Bohème Bourgeoise
🔵 Karte 2, E 4
Mit zahlreichen Auszeichnungen und
einer kulinarischen Philosophie, die auf
regionalen Zutaten und traditionellen
Rezepten basiert, ist dieses Restaurant
ein gutes Beispiel für die Renaissance
der tschechischen Küche. Wenn es etwas
Besonderes zu feiern gibt oder Sie
einfach richtig gut essen möchten, dann
finden Sie hier den passenden Rahmen.
Definitiv sein Geld wert!
Haštalská 18, Prag 1, T 222 31 12 34, www.
ladegustation.cz, tgl. 12–24 Uhr, Metro B:
Náměstí Republiky, 6-Gänge-Menü 2450 Kč

Kaffee für Zwei
Můj šálek kávy (My Cup of Coffee)
🔵 östlich von H 5
In diesem besonderen Kaffeehaus hat
sich die liebenswerte italienische Tradition etabliert, zwei Kaffee zu bezahlen
und einen davon für jemanden ›hängen
zu lassen‹, der nicht genug Geld hat,
um zu bezahlen. Auch sonst geht es hier

Bei Prags Traditionslokalen unterscheidet man zwischen der *pivnice*,
einer nur spartanisch möblierten
Bierstube, der *hospoda* oder
hostinec, einer schlichten Gaststätte,
und der deutlich eleganteren
restaurace. Erstere ist meist ziemlich
verraucht und wird vorwiegend von
Männern besucht. Sie dient primär
dem Biergenuss bei gleichzeiti-
ger billiger Absättigung mittels
althergebrachter Deftigkeiten. Alle
anderen berücksichtigen längst
auch die Ernährungsbedürfnisse von
Nicht-Schwerarbeitern, soll heißen,
es wird hier auch leichte Kost bzw.
Vegetarisches serviert. Nach wie
vor beliebt sind weiter die *vinárny*,
gerne in gotischen Kellergewölben
eingerichtete Weinstuben, die *bufe-
ty*, eine Kreuzung aus Cafeteria und
Snackbar, sowie die *kavárny*, Kaffeehäuser, die bis heute vielfach als
öffentliche Wohnstuben fungieren.

sehr sozial zu. Der Kaffee stammt aus
biologischem Anbau, ist fair und direkt
gehandelt.
Křižíkova 105, Prag 8, T 725 55 69 44, www.
mujsalekkavy.cz, tgl. Mo–Sa 9–21, So 10–18
Uhr, Metro B: Křižíkova

INSTITUTIONEN UND SZENETREFFS

Cooles Ambiente
home kitchen 🔵 B 8
Das Café und Bistro ist bei Einheimischen so beliebt, dass seine Betreiber
seit 2009 vier Filialen in Prag eröffnet
haben. Das Konzept ist an allen
Standorten dasselbe: junges, stylisches
Interieur, gepaart mit ausgezeichneten
kulinarischen Kreationen.
Radlická 1B, Prag 5, Anděl's City, T 778 07 72
00, www.homekitchen.cz, Mo–Fr 7.30–20 Uhr,
Metro B: Anděl, Hauptgerichte 130 Kč

*Hat's Ihnen Vegan angetan? Dann
werden Sie auch in Prag fündig!*

Satt & glücklich

Wiederentdeckung der Tradition

Lokál Dlouháááá ⏻ Karte 2, E/F 4/5

Das Lokál wirkt auf den ersten Blick wie eine traditionelle tschechische Bierhalle, ist tatsächlich aber ein recht neues Lokal, das die tschechische Kultur des Biertrinkens in Gesellschaft auch unter den Jungen wieder gesellschaftsfähig machen will. Mit Erfolg, denn das Lokal in bester Altstadt-Lage ist immer berstend voll, was wohl auch am großartigen Preis-Leistungsverhältnis liegt. Wer reserviert, ist klar im Vorteil.

Dlouhá 33, Prag 1, T 734 28 38 74, www.ambi.cz, tgl. 11–21 Uhr, Metro A: Staroměstská, Hauptspeisen 100–170 Kč

Nichts für Diätbewusste: Chlebíčky

Authentisch böhmisch

Mincovna ⏻ Karte 2, E 5

Mitten im Herzen der Prager Altstadt verbergen sich neben vielen Touristenfallen einige wenige ordentliche traditionelle Lokale. Eines davon ist das Mincovna, das direkt am Altstädter Ring die Fahne der böhmischen Küche hochhält. Zu empfehlen sind vor allem die günstigen Mittagsmenüs, die unter der Woche angeboten werden.

Staroměstské náměstí 7, Prag 1, T 727 95 56 69, www.restauracemincovna.cz, tgl. 11–23 Uhr, Metro A: Staroměstská, Mittagsmenü ab 150 Kč

Urige Kellergewölbe

Ferdinanda ⏻ C 5

Dass in den Kellergewölben vor allem zu Mittag viele Beamte und Rentner einkehren, darf getrost als gutes Zeichen gedeutet werden. Aber auch Touristen genießen hier gerne die böhmischen Spezialitäten. Nicht von der etwas ruppigen Bedienung abschrecken lassen!

Karmelitská 18, Prag 1, T 257 53 40 15, www.ferdinanda.cz, Mo–Sa 11–23 Uhr, Metro A: Malostranská

Auf dem Bier-Olymp

Nota Bene ⏻ F 7

In dem modernen Lokal serviert man ausgezeichnet zubereitete böhmische Küche. Daneben befindet sich eine Bar mit einem großartigen Sortiment an Craft Beer. Die Atmosphäre ist nichts für einen Heiratsantrag, eignet sich aber hervorragend zum gemütlich Sitzenbleiben und versumpfen.

Mikovcova 4, Prag 2, T 721 29 91 31, www.notabene-restaurant.cz, Mo–Fr 11–15, 18–23, Sa 12–23 Uhr, Metro C: I.P. Pavlova, Hauptspeise 160–300 Kč

Kaffeehaus-Klassiker

Café Louvre ⏻ D 6

Eines der Flaggschiffe der Prager Kaffeehaus-Kultur: um 1900 gegründet und bald darauf ein Lieblingstreff für Kafka, Brod & Konsorten, 1948 als vermeintlicher ›Hort der Bourgeoisie‹ geschlossen und 1992 glanzvoll wiedereröffnet. Trotz Stuck und Lüster moderate Preise,

Bei allen modernen kulinarischen Einflüssen bleibt eines stets gleich: Fragt man Tschechen nach ihrem Lieblingsimbiss, wird man in 80 Prozent der Fälle *chlebíčky* als Antwort erhalten. Ganz profan betrachtet handelt es sich dabei um belegte Brötchen, die in ihrer tschechischen Variante freilich in hunderten Kreationen gereicht werden: Oft werden sie recht deftig und magenfüllend mit Mayonnaise oder Roter Bete garniert. Wer das Original probieren möchte, der geht zu **Lahůdky Zlatý kříž** in der Jungmannovo náměstí 19 (⏻ E 6). Moderner geht es bei **Sisters** in der Dlouhá 39 (⏻ Karte 2, F 4/5) zu.

Entspannt dem Tag begegnen im Café Slávia

Nichtrauchersalon, Billard, deutschsprachige Zeitungen, hauseigene Konditorei und behagliches Restaurant mit guter Küche.

Národni 22, Prag 1, T 724 05 40 55, cafelouvre. cz, Mo–Fr 8–23.30, Sa/So 9–23.30 Uhr, Metro B: Národní třída, Hauptspeisen ab 120 Kč

Wo Stars & Diven einkehrten
Café Slávia 🔵 D 6
Ein weiterer Kaffeehaus-Klassiker seit nunmehr fast 150 Jahren, in dem Sänger und Schauspieler des gegenüber gelegenen Nationaltheaters Inspiration fanden, ist das Slávia. Art déco mit viel Onyx, Kirschholz und dunkelgrünem Leder bildet den Rahmen für einen Traumblick über die Moldau. Bekanntestes Einrichtungsgegenstand ist aber das Jugendstilgemälde »Der Absinthtrinker« von Viktor Oliva.

Smetanovo nábřeží 2, T 224 21 84 93, www. cafeslavia.cz, Mo–Fr 8–24, Sa/So 9–24 Uhr, Metro B: Národní třída, Hauptspeisen ab 160 Kč

Art-déco Designjuwel
Café Imperial 🔵 Karte 2, F 5
Eine innenarchitektonisch faszinierende Rast erwartet den Gast: Das Imperial ist berühmt für sein fantastisches Art-déco-Design – mit Fabeltieren, Herrschern und Gottheiten aus Keramik, die sämtliche Wände, Säulen und die Decken zieren. Auf Hochglanz renoviert, präsentiert es sich neuerdings weniger gemütlich als repräsentabel und schick, aber allemal höchst sehenswert.

Na Poříčí 15, Prag 1, T 246 01 14 40, www. cafeimperial.cz, tgl. 7–23 Uhr, Metro B: Náměstí Republiky, Hauptspeisen ab 300 Kč

Schick, aber uneitel
Café Platýz 🔵 Karte 2, E 6
In dem klassizistischen Gebäudekomplex Platýz, durch dessen großen Hof man vom Uhelný trh in die Nationalstraße (Národní) gelangt, befand sich ein bekannter Konzertsaal, in dem u. a. Liszt und Paganini auftraten. Das Café Platýz

Regionale Produkte, traumhaft zube-reitet: Radek Kasparek vom Restaurant Field essen die Prager aus der Hand.

(sein Name »Plattfisch« spiegelt sich in dem Hauszeichen über dem südlichen Fußgängerdurchgang wider) ist ein angenehmer Rastplatz für Shopper und Flaneure im Nahbereich von Altstadt und Wenzelsplatz – jugendlich urban, mit leckeren Snacks zu moderaten Preisen und kleiner Cocktailkarte. Národní 37 bzw. Uhelný trh 10, Prag 1, Tel. 224 21 11 61, www.cafeplatyz.cz, Mo–Fr 10–23, Sa/So 11–23 Uhr, Metro B: Národní třída, Snacks ab 120 Kč

Thailändischer Gaumenschmaus
Café Buddha F 7
In der Prager Neustadt kommen Fans der asiatisch-thailändischen Küche voll auf ihre Kosten! Auf der Speisekarte des stilvoll eingerichteten Lokals stehen die Klassiker der thailändischen Küche, aber auch modernere, grenzübergreifende Kreationen. Und weil das Auge mit isst, kommt jedes Gericht wundervoll dekoriert als kleines Kunstwerk auf den Tisch. Balbínova 19, Prag 2, T 606 98 06 12, cafebuddha.cz, Mo–Sa 11–22 Uhr, Metro A/C: Muzeum, Hauptspeisen ab 170 Kč

Fiesta Mexikana
Las Adelitas Karte 2, E 5
Die ganze Pracht der mexikanischen Küche können Sie mitten in der Prager Altstadt erleben. Das freundliche Lokal mit den bunt gestrichenen Wänden kann aber nicht nur mit mexikanischen Klassikern wie Tacos, Parrilladas oder Enchiladas aufwarten. Sehen lassen kann sich auch die Getränke- und Cocktailkarte. Da bleibt man nach dem Essen gerne sitzen! Malé náměstí 13, Prag 1, T 222 23 32 47, www.lasadelitas.cz, Mo–Fr 11–24, Sa/So 12–24 Uhr, Metro A: Staroměstská, Hauptspeisen ab 190 Kč

Fernöstlicher Kultimbiss
Mr. Banh Mi F 8
Vietnamesisches Essen ist im jungen Prag so beliebt wie nie zuvor. Geradezu Kultstatus genießt das Mr. Banh Mi – ein kleines Imbisslokal, das vietnamesi-sche Sandwiches mit köstlicher Füllung anbietet. Genau das richtige für einen schnellen Snack vor dem Ausgehen oder zum Mitnehmen ins Hotel. Rumunská 30, Prag 2, T 608 31 78 35, Mo–Fr 11–21, Sa 11.30–20 Uhr, Metro A: Náměstí Míru, Sandwich ab 80 Kč

Im Pizza-Himmel
Grosseto G 8
Bei Einheimischen sehr beliebte, quirlige Pizzeria im Zentrum von Vinohrady. Auf der Karte stehen 40 verschiedene Pizzen und 40 Nudelgerichte zu moderaten Preisen, es bedient ein besonders sympathisches Personal. Francouzská 2, Prag 2, T 224 25 27 78, www.grosseto.cz, tgl. 11.30–23.00 Uhr, Metro A: Náměstí Míru, Pizza und Pasta ab 140 Kč

Köstliches vom Spieß
Brasileiro Karte 2, E 5
Serviert werden Fleischspezialitäten, besonders Rinderspieß à la Churrasco. Dazu leckere Salate, Sushi, Seafood und typisch brasilianisch Beilagen wie ge-rösteter Maniok, Chili-Salsa und Batata frita in farbenfrohem Ambiente. U Radnice 8, Prag 1, T 224 23 44 74, brasileiro-uradnice.ambi.cz, tgl. 11–24 Uhr, Metro A: Staroměstská, Menü vom Buffet ab 445 Kč

EXPERIMENTIERFREUNDLICH UND UNGEWÖHNLICH

Große Küche auf Augenhöhe
Sansho  G 4
Sie mögen gutes Essen, doch das Gehabe nobler Restaurants ist Ihnen nicht geheuer? Dann sind Sie im Sansho richtig! Hier dreht sich in angenehmer, heller Atmosphäre alles um guten Geschmack. Chefkoch Paul Day kocht pan-asiatisch. Angeboten werden sowohl Fisch, als auch Fleisch und vegetarische Gerichte.
Petrská 25, Prag 1, T 222 31 74 25, sansho.cz, Di–Fr 11.30–14, 18–23, Sa 18–23 Uhr, Metro B/C: Florenc, Menü ab 900 Kč

Frisch vom Feld
Field ⬤ Karte 2, E 4
Im exklusiven Field setzt der ausgezeichnete Chefkoch auf regionale Produkte, die in traumhaften Rezepten veredelt werden. Unbedingt reservieren, das Lokal ist zwar relativ neu, bei Prags Foodies sehr gehyped und dementsprechend immer gut gebucht.
U Milosrdných 12, Prag 1, T 222 31 69 99, www.fieldrestaurant.cz, Mi–Fr 11–14.30, 19–22.30, Sa 12–15, 18–22.30, So 12–15, 18–22, Metro A: Staroměstská, 6-Gänge-Menü 2600 Kč

Opulenz für Gaumen und Auge
Aquarius ⬤ B 5
Die feine Küche von Chefkoch Tomáš Systel bietet eine große Auswahl an hausgemachter Pasta, frischem Fisch sowie traditionellen tschechischen Gerichten – allesamt raffiniert und mit feinen Zutaten zubereitet. Das Interieur ist exquisit mit venezianischem Stuck, Wandmalereien und antiken Möbeln. Im Sommer tafelt man im stimmungsvollen Innenhof.
Tržiště 19, Prag 1, Tel. 257 28 60 19, www.aquarius-prague.com, tgl. 18–22 Uhr, Metro A: Malostranská, Hauptgerichte ab 400 Kč

Im Sansho ist man eher böhmisch, isst aber pan-asiatisch.

Shopping im Wandel

Mehr als 25 Jahre freie Marktwirtschaft haben die Geschäftswelt an der Moldau vollkommen umgekrempelt und aus Prag eine attraktive Einkaufsstadt gemacht. Die Zahl der Läden und Kaufhäuser ist längst enorm und wächst rasch weiter. Neben den großen Shoppingtempeln schießen fast täglich kleine Shops und Boutiquen aus dem Boden, in denen aufstrebende Designer ihre Kreationen an den Mann und die Frau bringen wollen.

So hat sich in Prag eine bunte Shopping-Landschaft entwickelt, die vielleicht noch nicht ganz mit renommierten Städten wie Paris oder Mailand mithalten kann, in der es aber viel Neues zu entdecken gibt. Mit etwas Glück finden Sie hier schon heute Accessoires, die erst morgen am ganz großen Laufsteg ankommen.

Die zentrale Shoppingzone bildet der Wenzelsplatz. Auch die angrenzenden Seitengasen und Passagen, allen voran die legendäre Lucerna Pasáž, wartet mit ungeahnten Schätzen auf. Ein Käufermagnet ist auch das Pàlladium – ein architektonisch spannender Komplex mit mehr als 200 Läden am Republiksplatz. Als Hauptgeschäftsstraße gilt die teilweise verkehrsbefreite Achse von Národní třída und Na příkopě. Zur mondänen Modemeile hat sich die Pařížská gemausert. Fundgrube für kreative Mitbringsel und liebenswertes Handwerk sind die vielen kleinen Boutiquen, die über das Gassengeflecht der Altstadt und der Kleinseite verstreut sind.

ZUM SELBST ENTDECKEN

Infolge der zunehmenden Kommerzialisierung weiter Teile der Altstadt sind die Geschäftsflächen der außerhalb liegenden Stadtteile für viele junge Designer und Antiquitätenhändler immer attraktiver geworden. Für Neugierige lohnt sich deshalb ein Besuch der aufstrebenden Vorstadtviertel, etwa in **Vinohrady**, entlang der Francouzská oder in **Karlín** an der Křižíkova. Erstaunlich viel Neues ist auch in den Läden auf der **Kampa-Insel** am westlichen Ufer der Karlsbrücke zu entdecken.

Auf die Spitze getrieben: Mode auf der Pařížská

Online, nein danke – die legendäre Schmöker-Adresse Shakespeare and Sons

BÜCHER UND MUSIK

Buch-Universum 1
K-a-v-k-a 🔒 Karte 2, D 6
Gut sortierter Buchladen, mit großer Auswahl zu Themen wie Fotografie, Design und Moderner Kunst. Darüber hinaus werden auch Kunstwerke von jungen tschechischen Künstlern vertrieben.
Krocínova 5, Prag 1, T 606 03 02 02, www.kavkabook.cz, Metro B: Národní třída, Mo–Fr 11–18, Sa 12–17 Uhr

Buch-Universum 2
Shakespeare & Sons 🔒 C 5
Internationale Kult-Buchhandlung mit einem reichen Sortiment an deutschen, italienischen, französischen, englischen und spanischen Werken. Außerdem immer wieder Veranstaltungen.
U Lužického semináře, Prag 1, T 257 53 18 94, www.shakes.cz, Metro A: Malostranská, Mo–Fr 11–19 Uhr

Akustisches Eldorado
Bontonland 🔒 Karte 2, E 6
In Prags größtem Musik-Geschäft finden Sie nicht nur die international üblichen Scheiben, sondern auch tschechische Klassiker und spannende Produktionen von Local Artists.
Václavské náměstí 1, Prag 1, T 601 30 91 80, www.bontonland.cz, Metro A/B: Můstek, Mo–Fr 9–20, Sa 10–20, So 10–19 Uhr

High Fidelity
Garage Store 🔒 F 3
Cooler Plattenladen im angesagten Viertel Karlín. Angboten werden neue und gebrauchte Platten und CDs, Plattenspieler, Kopfhörer, Bücher und Poster.
Veverkova 6, Prag 7, T 602 20 83 60, garage-store.net, Metro C: Vltavská, Mo–Fr 11–19, Sa 12–16 Uhr

DELIKATESSEN UND LEBENSMITTEL

Abgefüllt
Blatnička 🔒 Karte 2, E 6
Für viele Weinkenner mag es nach Blasphemie klingen, doch in Prag ist es nicht ungewöhnlich, Wein in mitgebrachte Plastikflaschen füllen zu lassen, um ihn dann mit nach Hause zu nehmen oder ihn mit Freunden im Park zu trinken. Das Schild ›sudová vína‹ bedeutet, dass

durstige Passanten hier gar nicht mal
schlechten Hauswein auffüllen lassen
können. Für alle, die lieber im Sitzen
trinken: Angeschlossen sind ein gutes
Restaurant und eine Weinbar.
Michalská 6, Prag 1, T 224 22 58 60, www.
restaurace-blatnicka.cz, Metro A/B: Můstek,
Mo–Sa 11–23, So bis 22 Uhr

La dolce vita
Wine & Food Market 🛍 C 10
An vier Standorten verkauft das beliebte
Geschäft italienische Köstlichkeiten bester
Qualität zu fairen Preisen. Die Filiale in
Smíchov bietet auch die Möglichkeit, vor
Ort Fisch, Pasta und köstliche Antipasti zu
verspeisen. Also ab in die Vorstadt!
Strakonická 1, Prag 5, T 733 33 86 50, wine
market.cz, Tram: Praha-Smíchov, tgl. 9–20 Uhr

Fleischeslust
Naše maso 🛍 Karte 2, F 4/5
Wann haben Sie das letzte Mal vor einer
Metzgerei eine Warteschlange erlebt? Ein
Besuch bei Naše maso bedeutet auf jeden
Fall eine gewisse Wartezeit, die sich aber
auf jeden Fall lohnt. Nicht umsonst ist
das kleine Fleischgeschäft in der Dlouhá
bei Einheimischen so unglaublich beliebt.
Zu kaufen gibt es großartige Steaks von

regionalen Rindern aus heimischer Weide-
haltung. Das beste daran: Sie können die
Köstlichkeiten direkt am Grill im Geschäft
zubereiten lassen und gleich vor Ort
verspeisen.
Dlouhá 39, Prag 1, T 222 31 13 78, nasemaso.
ambi.cz, Metro A: Staroměstská, Mo–Do, Sa
10–19, Fr 9–19 Uhr

Im Weinkeller
Bokovka 🛍 Karte 2, F 4/5
Im charmanten Kellerambiente dieser
Vinothek/Bar kann man in Ruhe großartige tschechische, slowakische und
internationale Weine verkosten und mit
nach Hause nehmen. Außerdem gibt es
eine feine Auswahl an Delikatessen, mit
besonderem Augenmerk auf hochwertige Ölsardinen.
Dlouhá 37, Prag 1, T 731 49 20 46, www.
bokovka.com, Metro A: Staroměstská, Mo–Fr
16–20 Uhr

FLOH- UND STRASSENMÄRKTE

Moderner Bauernmarkt am Ufer
Náplavka 🛍 C/D 8/9
In der warmen Jahreszeit ist der Ufer-
abschnitt Rašínovo nábřeží fest in der

Nach Schätzen stöbern am Moldaukai

Hand von Prags Jungen und Junggebliebenen. Mit Bier aus dem Plastikbecher und über dem Wasser baumelnden Beinen lässt es sich hier aber wirklich sehr gut aushalten. Von Februar bis Oktober findet hier außerdem jeden Samstag ein sehr beliebter Bauernmarkt statt, bei dem es von Obst und Gemüse bis zu frischem Fisch und Käse einfach alles gibt, was das Herz höher schlagen lässt. Im Sommer eine ideale Gelegenheit, um den Brunch einfach mal nach draußen zu verlegen!

Rašínovo nábřeží, Prag 2, www.farmarsketrziste. cz, Metro B: Karlovo náměstí, Febr.–Okt. Sa 8–14 Uhr

Kreative Marktwirtschaft
Manifesto Market 🔒 G 5
Etwas versteckt hinter dem Busbahnhof laden lange Reihen von Verkaufscontainern zum Bummeln. Zu entdecken gibt es an diesem hippen Treffpunkt der Prager Jugend Schmuck, Kleidung und Accessoires von einheimischen Designern sowie, zur Stärkung, diverse Food-Stände, an denen sich herrlich rund um die Welt schlemmen lässt.

Na Florenci, Prag 1, www.manifestomarket.com, Metro B: Náměstí Republiky od. B/C: Florenc, tgl. 11–21 Uhr; Filiale in Smíchov, Náměstí 14, řijna 16

Emsiges Markt-Treiben
Havelský trh 🔒 Karte 2, E 6
Der Havel-Markt ist Prags ältester bis heute existierender Markt. Er bietet eine große Auswahl an frischem Obst und Gemüse sowie Holzspielzeug und Souvenirs.

Havelská 13, Prag 1, Metro A/B: Můstek, tgl. 8–18 Uhr

....

GESCHENKE, DESIGN, KURIOSES
....

Kreative Mitbringsel
Pragtique 🔒 E 6
Sind Sie auf der Suche nach einem Souvenir, das sich vom üblichen Touristen-Kitsch unterscheidet? Im Pragtique werden Sie kreative Kleinigkeiten von Prager Designern finden vom Rucksack

Schwimmen ganz oben auf der Retro-Welle: die Jungs von Botas 66.

über Notizbücher bis zum T-Shirt jede Menge Ausgefallenes, um andere oder sich selbst zu beschenken!

Mostecká 20, Prag 1, T 737 25 27 29, prag tique.cz, Metro A Malostranská, Mo–Fr 12–19, Sa/So 11–19 Uhr

Nostalgisches für die Füße
Botas 66 🔒 Karte 2, D 6
Was als Studentenprojekt begann, ist längst Kult: Botas 66 ist den klassischen Turnschuhen der 1960er-Jahre nachempfunden, die in der Tschechoslowakei unter der Marke Botas verkauft wurden. Im Zuge der Retro-Welle haben zwei Prager Studenten das alte Label wieder zu neuem Leben erweckt und damit voll den Zeitgeist getroffen. Wer Turnschuhe sucht, die eine Geschichte erzählen, bitte schön!

Skořepka 4, Prag 1, T 776 85 54 43, www. bteam.cz, Metro A/B: Můstek, Mo–Sa 10–19, So 11–17 Uhr

Moderne Glaskunst
Artel Design Store 🔒 C 5
Viele Jahre lang war kunstvoll verziertes Glas das Mitbringsel aus Prag schlechthin, doch in den letzten Jahren wurde

101

das Handwerk dank zahlloser billiger Imitate zunehmend verkitscht. Bei ARTEL wird die traditionelle Glaskunst auch heute noch auf höchstem Niveau praktiziert. Zugleich sorgen die frechen Designs von Gründerin Karen Feldman für eine zeitgemäße Note.

U Lužického semináře, www.artelglass.com, Metro A: Malostranská, tgl. 10-20 Uhr

Für die Kleinen
Hugo chodí bos 🏷 E 7
Hier gibt es alles, was Kinderherzen – oder die ihrer Eltern – höher schlagen lässt: Trinkflaschen, Spielsachen, Dekorationsgegenstände und Einrichtung fürs Kinderzimmer. Aber alles aus regionaler Produktion und mit dem gewissen Extra.

Řeznická 12, Prag 1, T 602 83 49 30, www.hugochodibos.cz, Metro C: I.P. Pavlova, Mo–Fr 10–18, Sa 11–16 Uhr

Tschechische Tradition in neuem Gewand
Manufaktura 🏷 Karte 2, E 6
Bei dieser Prager Kette mit mehreren Ablegern hat man sich dem traditionellen tschechischen Kunsthandwerk verschrieben, mit Schwerpunkt auf Holzspielzeug und kreativen Souvenirs. Außerdem: Kosmetika heimischer Bio-Provenienz.

Holzspielzeug bei Manufaktura

Karlova 26, Prag 1, T 601 31 06 05, manufaktura.cz, Metro A: Staroměstská, Mo–Do, So 10–20, Fr/Sa bis 21 Uhr

Papierne Wunderwerke
Papelote 🏷 D 7
Es gibt Menschen, die alles aus Papier und Karton lieben. Wenn Sie zu diesen Menschen gehören, werden Sie an dem wunderschönen Papiergeschäft nicht vorbeigehen. Angeboten werden Notizbücher in allen Farben und Formen, Stifte, Postkarten, Washy Tape und vieles mehr.

Vojtěšská 9, Prag 1, T 774 71 91 13, www.papelote.eu, Metro B: Národní třída, Mo–Fr 11–19, Sa 12–18 Uhr

MODE UND ACCESSOIRES

Atemberaubende Dessous
Agent Provocateur 🏷 Karte 2, E 5
Mitten in der exklusivsten Einkaufsstraße Prags hat es sich dieses Dessousgeschäft bequem gemacht, bei dem kein Geringerer als der Sohn Vivienne Westwoods seine Finger im Spiel hat. Neben ausgefallener Unterwäsche gibt es auch Nachthemden und Bademode zu erstehen.

Dušní 2, Prag 1, T 605 35 75 27, www.agentprovocateur.com, Metro A: Staroměstská

Funkelnde Augen garantiert
Debut Gallery 🏷 Karte 2, E 5
Wunderschöner Schmuck, kreative Accessoires und ausgewählte Mode für Damen findet man in diesem bezaubernden kleinen Shop direkt beim Altstädter Rathaus. Das Besondere: Alle Stücke im Shop stammen von lokalen Designern. Ein geradezu idealer Ort, um einer ganz speziellen Person mit einem einzigartigen Schmuckstück eine Freude zu machen.

Malé náměstí 12, Prag 1, T 602 60 00 58, debutgallery.cz, Metro A: Staroměstská, tgl. 11–20 Uhr

Concept Store
dogumi 🏷 C 5
In diesem entzückenden Concept Store auf der Prager Kleinseite finden Sie moderne tschechische Handwerksprodukte aus natürlichen Materialien. Taschen,

Einkaufen nicht von der Stange: fair gehandelt und aufmerksam behandelt

Krawatten und Papierwaren gehören zum Standardsortiment. Ein Traum für alle, die sich nicht mit den üblichen kitschigen Mitbringseln zufrieden geben. Míšenská 3, Prag 1, T 21 30 15 24, Metro A: Malostranská, tgl. 11–19 Uhr

Fein gestickt
La Femme MiMi 🔒 E 7
Schlicht und doch so extravagant sind die Kollektionen der asiatisch inspirierten Boutique im Stadtzentrum: Diese Mischung kommt bei den Pragerinnen gut an, und deshalb hat sich MiMi in den letzten Jahren fest in der Prager Modewelt etabliert. Definitiv einen Besuch wert!
Štěpánská 53, Prag 1, T 223 01 11 26, www.lafemmemimi.com, Metro A: Můstek, Mo–Sa 10–19, So 11–17 Uhr

Retro pur
Lazy Eye 🔒 F/G 7/8
Eine Boutique wie diese werden Sie nicht so schnell wieder finden: Außergewöhnliche und verführerische Schnitte von sexy bis elegant, die an die Ästhetik der Fünfzigerjahre erinnern, aber immer mit dem gewissen Etwas glänzen.

Darüber hinaus gibt es Badekleidung, Schuhe und Accessoires.
Ibsenova 3, Prag 2, T 777 21 02 75, lazyeye.cz, Metro A: Náměstí Míru, Mo–Fr 12–18.30 Uhr

Designermode für Sie
Tatiana 🔒 Karte 2, E 5
Bei der hochkarätigen Damenmode der bekannten Designerin Tatiana Kovaříková dreht sich alles um spektakuläre Schnitte und außergewöhnlich verarbeitete Materialien. Ein Hauch von Mailand, der nicht nur im Prager Nachtleben für Kopfdrehen sorgt.
Dušní 1, Prag 1, T 224 81 37 23, www.tatiana.cz, Metro A: Staroměstská, Mo–Fr 10–19, Sa 11–17 Uhr

Modern Fashion
TIQE 🔒 Karte 2, F 5
Die Kreationen der jungen Designerin Petra Balvinova sind frech, sexy, aber nie geschmacklos – und dabei ganz schön raffiniert. In der Boutique in der Prager Altstadt finden Sie die schönsten Stücke.
Benediktská 9, Prag 1, T 608 51 96 56, www.tiqe.cz, Metro B: Náměsti Republiky, Mo–Fr 10–19 Uhr,

Die Großstadt rauscht

Ganz egal, ob Sie auf urige Bierhallen oder angesagte Techno-Clubs stehen: In Prag werden Sie garantiert das Richtige finden, um sich die Zeit von Sonnenuntergang bis zur Morgenröte zu vertreiben. Seit der Samtenen Revolution hat sich neben den traditionellen Bierstuben eine enorme Vielfalt an Lokalitäten herausgebildet, in denen man seinen Durst löschen und zugleich sein Bedürfnis nach Geselligkeit stillen kann.

Die Frequenz, mit der In-Treffs eröffnen und wieder schließen, ist in Prag überdurchschnittlich hoch, das Preisniveau für Eintritte und Drinks dafür allerdings noch deutlich niedriger als etwa in Berlin, München oder Wien. Liberal werden die Öffnungszeiten gehandhabt. Betriebszeiten bis drei, vier Uhr früh sind keine Seltenheit und werden gerne über die Sperrstunde hinaus ausgedehnt. Auch geografisch kennt die Lokalszene kaum Grenzen: Alt- und Neustadt sind gespickt mit Bars und Clubs.

Fürs Nachtleben herausgeputzt haben sich in den letzten Jahren aber auch die alten Arbeiterviertel, allen voran **Karlín** und **Smíchov**. Und auch in dem ehemals bürgerlichen Wohnbezirk **Vinohrady** stößt man neuerdings an beinahe jeder Ecke auf eine gemütliche Kneipe, ein trendiges Café oder Restaurant. Auch Prags Schwulen- und Lesbenszene kennt kein eigentliches Zentrum. Eine gewisse Konzentration beliebter **Gay-Bars** findet sich rund um die **Vinohradská.** Hilfreich bei der Suche ist die Webseite prague.gayguide.net.

ZUM SELBST ENTDECKEN

Im Zentrum bietet sich die **Dlouhá** bzw. die umliegenden Gassen für einen Start ins Nachtleben an. Vor allem an Wochenenden kann es hier allerdings von grölenden Polterrunden wimmeln. Dann lohnt sich ein Wechsel ans andere Ufer der Moldau. Vor allem auf der Kleinseitner **Kampa-Insel** geht es abends etwas ruhiger zu. Wer auf der Suche nach Subkultur und angesagten Kneipen ist, der fährt nach **Vršovice.** Rund um die Krymská befindet sich das inoffizielle Zentrum von Prags Hipsterszene.

Die Bar Big Lebowski in Žižkov. Ob hier wohl viele White Russian getrunken werden?

BARS UND KNEIPEN

Authentischer geht's nicht
U Černého vola ☼ A 4

Die Kneipe, die sich an der Südseite des Loreto Platzes hinter der Rokokofassade verbirgt, gleicht einer Insel im Strom der Zeit. An den klobigen Holztischen feiert das Prag den braven Schwejk fröhliche Urständ. Zum *pivo* oder *slivovice* gibt's deftige Kleinigkeiten zu kommunistischen Preisen wie Olmützer Quargel, Knödel mit Saft oder Wurst mit Zwiebel.

Loretánské námesti 1, Prag 1, T 606 62 69 29, Metro A: Malostranská, tgl. 10–22 Uhr

Kneipen-Fels in der Brandung
U parlamentu ☼ Karte 2, D 5

Auch das U parlamentu hat sich trotz seiner Lage im touristischen Stadtzentrum sein authentisches Flair bis heute erhalten. Zu empfehlen ist neben dem süffigen Pilsner auch das günstige Mittagsmenü, das täglich zwischen 11 und 15 Uhr serviert wird.

Valentinská 8, Prag 1, T 721 41 57 47, uparlamentu.cz, Metro A: Staroměstská, tgl. 11–23 Uhr

Prager Craft-Beer
Vinohradský pivovar
☼ östlich von H 8

Auch in Prag erfreut sich Craft Beer von lokalen Produzenten größter Beliebtheit. Zu den beliebtesten Marken der Einheimischen zählt das Vinohradský pivovar im gleichnamigen Viertel. Zu der Brauerei gehört auch ein recht modernes Bierlokal, in dem die Brauspezialitäten des Hauses ins Glas kommen.

Korunní 106, Prag 10, T 222 76 00 80, www.vinohradskypivovar.cz, Metro A: Flora, tgl. 11–24 Uhr

Kultige Cocktailbar
Hemingway ☼ Karte 2, D 6

Schummriges Licht, Barkeeper im 1920er-Outfit und exotische Cocktailvariationen erwarten die Gäste im Hemingway. Die zweistöckige Bar zählt zu den beliebtesten Ausgehadressen der Stadt und ist deshalb meist bis auf den letzten Tisch voll, was dem stylischen

Nicht bieder, Meier: der Radost FX Club

Ambiente allerdings keinen Abbruch tut. Wer vorab reserviert oder eine kurze Wartezeit in Kauf nimmt, darf sich auf einen gelungenen Bar-Abend freuen!

Karoliny Svetlé 26, Prag 1, T 773 97 47 64, www.hemingwaybar.cz, Metro B: Národní trída, Mo–Do 17–1, Fr 17–2, Sa 19–2, So 19–1 Uhr

Prags beste Cocktails
Drink more than wine and coffee ☼ Karte 2, D 6

Insgesamt geht es in dieser schmalen, charmanten Bar etwas gemütlicher und weniger schick zu, als im oben erwähnten Hemingway. Das sollte Sie allerdings nicht von einem Besuch abhalten. Im Gegenteil, denn hier gibt es die vielleicht besten Cocktails in ganz Prag. Dazu Hot Dogs, die zu späterer Stunde und bei erhöhtem Alkoholpegel besonders gut schmecken. Keine Reservierung möglich.

Liliová 3, Prag 1, T 778 08 71 17, www.cashonlybar.cz, Metro A/B: Mustek, So–Di 18–1, Mi–Sa 18–2 Uhr

Bar zum Abhängen
Groove Bar ☼ D 6

Gute Drinks, schummrige Bar-Atmosphäre und regelmäßige Auftritte von heimischen DJs sorgen für Beliebtheit bei der Prager Jugend. Wer ein etwas

Wenn die Nacht beginnt

jüngeres und alternativeres Publikum als z.B. in der Hemingway Bar sucht, wird mit der zentral gelegenen Groove Bar seine Freude haben.

Voršilská 6, Prag 1, T 777 61 02 79, groovebar.cz, Metro B: Národní třída, Mo–Do, So 19–3, Fr/Sa 19–4 Uhr

Champagner-Bar
L'Fleur ☀ Karte 2, E 5

Das L'Fleur hat sich auf Champagner und internationale Drinks spezialisiert. Für das nötige Bar-Feeling sorgen ein Kronleuchter, eine lange Bar und sehr freundliches Personal. Ideal für einen Absacker zu später Stunde. Angeschlossen: ein gutes, tgl. ab 12 Uhr geöffnetes Restaurant.

V Kolkovně 5, Prag 1, T 734 25 56 65, www.lfleur.cz, Metro A: Staroměstská, tgl. 18–3 Uhr

Ach, gay!
Qcafé ☀ D 7

Sehr freundliches Gay-Bar/Café, in der alle willkommen sind, die tolerant und weltoffen auftreten. Immer wieder finden hier auch Lesungen und andere spannende Veranstaltungen statt.

Opatovická 12, Prag 1, T 776 85 63 61, www.q-cafe.cz, Metro: Národní třída, tgl. 15–2 Uhr

Im Hipster-Himmel
Café Sladkovský ☀
südöstlich von G 9

Bis vor wenigen Jahren galt Vršovice als verrufene Gegend, in die man sich abends besser nicht hineintraute. Doch die Gentrifizierung erfasste auch den ehemaligen Arbeiterbezirk. Heute reiht sich hier eine Hipster-Kneipe an die andere. Die Speerspitze des neuen Vršovice-Lifestyles bildet das Sladkovský, das mit seinen pastellfarbenen Wandtapeten und Vintage-Möbeln direkt einem Wes Anderson-Film entsprungen zu sein scheint. Tipp: unbedingt die Burger probieren!

Sevastopolská 17, Prag 10, T 776 77 24 78, www.cafesladkovsky.cz, Metro A: Náměstí Míru, Mo 16–1, Di–Fr 11–1, Sa/So 10–1 Uhr

Alternativ-Bar für Fahrradliebhaber
Bajkazyl ☀ B 10

Von einem Repair-Café für kaputte Fahrräder hat sich das Bajkazyl zu einer beliebten Alternativ-Bar im Freien gewandelt. Direkt am Flussufer gelegen können Sie hier mit einem Bier die Abendsonne genießen, eines der Konzerte besuchen oder auch kostengünstig ein Fahrrad ausleihen. Nur im Sommer!

Der Lucerna-Palast wird bald 100, doch in seiner Music Bar feiern Junge Töne.

Ke sklárně 15, Prag 1, www.bajkazyl.cz, ab 12
Uhr (nur bei Schönwetter geöffnet), Metro B:
Karlovo náměstí

LIVEMUSIK

Anregender Stil-Mix
Lucerna Music Bar ☼ E 6
Auf dieser kleinen, dem berühmten
Konzertsaal benachbarten Bühne geben
populäre Prager genauso wie kleine,
feine Bands von auswärts ihre Kunst
zum Besten. Publikumsmagneten sind
jeden Freitag und Samstag die Revi-
val-Videopartys aus den Achtzigern und
Neunzigern.
Vodičkova 36, Prag 1, T 224 21 59 57, www.
musicbar.cz, Metro A/B: Můstek, Öffnungszeiten
abhängig vom Event

Subkultur-Bühne vom Feinsten
Meet Factory ☼ südlich von C 10
Die Meet Factory ist ein vom bekann-
ten Künstler David Černý gegründetes
Kulturgelände in einem ehemaligen
Industriebau und vereint Galerien, Ate-
liers, ein Theater und einen Konzertsaal.
Sie zählt zu den angesagtesten Veran-
staltern für Konzerte in Prag und hat
sich in den letzten Jahren europaweit
einen hervorragenden Ruf erarbeitet.
Für an Subkultur Interessierte ist ein
Besuch der Meet Factory ein Muss. Über
das aktuelle Programm informiert die
Webseite.
Ke Sklárně 15, Prag 5, T 251 55 17 96, www.
meetfactory.cz, Tram: ČSAD Smíchov, tgl. 13 bis
20 Uhr und abhängig von Veranstaltungen

Kellerkonzerte
Café V Lese ☼ südöstlich von G 8
Im ehemaligen Geschäftslokal von
Shakespeare and Sons hat es sich dieser
Kult-Club gemütlich gemacht. Eine Reise
in die Vorstadt lohnt sich schon alleine
der netten Bar wegen. Vor allem der
weitläufige Keller samt seinen originellen Musikevents lockt junge Locals
immer wieder hierher.
Krymská 12, Prag 10, T 720 41 07 03, www.cafe
vlese.cz, Mo–Sa 16–2, So 16–24 (Juni–Aug. erst
ab 18) Uhr, Metro A: Náměstí Míru

JAZZ AND THE CITY

Jazz-Alma Mater
Reduta ☼ D 6
Ältester Jazzclub der Stadt und ehema-
liger Treffpunkt der aufmüpfigen Intellektuellen erlangte Berühmtheit nicht
zuletzt auch durch das Saxophon-Solo,
das Bill Clinton hier 1994 Václav Havel
vorblies. Seventies-Ambiente und musi-
kalischer Stilmix.
Národní třída 20, Prag 1, T 224 93 34 87, www.
redutajazzclub.cz, Metro B: Národní třída, tgl.
ab 21 Uhr

*Absinthisch-böhmisches Feuerritual –
wollen Sie es wagen?*

Jazz auf Weltniveau
AghaRTA Jazz Centrum
☼ Karte 2, E 5
Tagsüber ein ruhiges Café, am Abend
Hotspot der Prager Jazzszene, locker in
der Stimmung, aber ehrgeizig, was die
musikalische Qualität der Künstler auf
der Bühne betrifft. Nicht selten Gigs von
Top-Jazzern aus aller Welt.
Železná 16, Prag 1, T 222 21 12 75, www.
agharta.cz, Metro A: Staroměstská, tgl. ab 19
Uhr, Livemusik ab 21 Uhr, Eintritt 250 Kč

Jazz auf der Moldau
Jazz Dock ☼ C 7
In dem Club, der auf einem Boot am Mol-
dauufer in Smíchov untergebracht ist, treten internationale und lokale Jazzgrößen
auf. Hier wird der vielbeschworene, aber
jüngst etwas in die Jahre gekommene
Spirit des Prager Jazz wieder lebendig.
Janáčkovo nábř. 2, Prag 5, T 774 05 88 38,
www.jazzdock.cz, Mo–Do 15–4, Sa/So 13–4, So
13–2 Uhr, Tram: Arbesovo náměstí

Wenn die Nacht beginnt

TANZEN

Beeindruckender Kult-Club
Cross Club ⚙ H 1
Der Cross Club ist nur einer von vielen Beweisen dafür, dass Prags Clubkultur mittlerweile zu Europas spannendsten zählt. Durch die Besetzung eines leerstehenden Häuserblocks ist hier einer der angesagtesten Underground-Clubs der Stadt entstanden. Beeindruckend sind die in Steam-Punk-Ästhetik gestalteten Kunstwerke aus Röhren, Zahnrädern, und Maschinenteilen, die den Club außen und innen schmücken. Wer nicht spätnachts zu dröhnenden Bässen tanzen möchte, sondern einfach nur den Abend mit einem Bier ausklingen lassen will, sollte trotzdem vorbei kommen und mit der Terrassen-Bar und der leckeren Speiseauswahl vorliebnehmen.

Plynární 23, Prag 7, T 775 54 14 30, www.crossclub.cz, Metro C: Nádraží Holešovice, Bar: 14–2 Uhr, Club: 20–5 Uhr

State of the Art Club
Roxy ⚙ Karte 2, E/F 4/5
Geräumig und äußerst populär bei Tanzwütigen: Das Roxy ist trotz etlicher jüngerer Konkurrenz-Clubs noch immer eine Venue von europäischem Rang. 10 000 Watt-Anlage, modernste Laser- und Video-Technik, Archivkino, Theater, jede Menge Multimedia-Projekte, dazu vier Bars mit frei zugänglichen Internet-Docks, schicke Chillout-Zonen, internationale DJ-Größen.

Dlouhá 33, Prag 1, www.roxy.cz, T 736 53 50 10, Metro B: Náměstí Republiky, Öffnungszeiten je nach Programm, Büro ab 14 Uhr

Late Night Party-Boot
U Bukanýra ⚙ Karte 2, F 4
Im Club-Boot auf der Moldau wird bis zum Sonnenaufgang zu House-Musik getanzt. Es mag eine Altersfrage sein, doch wer jung genug ist, um sich nach einer durchtanzten Nacht über den Sonnenaufgang zu freuen, wird in ganz Prag keinen schöneren Ort dafür finden.

Nábřeží Ludvíka Svobody 1, Prag 1, T 608 97 35 82, www.bukanyr.cz, Metro B: Náměstí Republiky, Do 22–2 Uhr, Fr/Sa 23–07 Uhr

KINOS

Historisches Lichtspielhaus
Lucerna ⚙ E 6
Wenn es ein Kino gibt, bei dem man sich wünscht, das Licht würde vor der Vorstellung nicht ausgehen, dann ist es das Lucerna mit seinem wunderschönen historischen Saal.

Vodičkova 36, Prag 1, T 224 21 69 72, www.kinolucerna.cz, Metro A/B: Můstek

Art House
Světozor ⚙ E 6
Das Kino zeigt mehrmals täglich Arthouse-Filme und ist ein beliebter Treffpunkt für Cinephile.

Vodičkova 41, Prag 1, T 224 94 68 24, www.kinosvetozor.cz, Metro A/B: Můstek

Hin & weg

Prag ist mit gut 1,2 Mio. Einwohnern eine mittlere Metropole. Für Nicht-Muttersprachler ist die größte Herausforderung wohl, die Haltestellennamen zu verstehen und ohne Verwirrung ans Ziel zu kommen. Das Verkehrsnetz ist jedoch leicht zu durchblicken und angenehm zu nutzen. Einige Hinweise können trotzdem dienlich sein.

… mit dem Flugzeug

Der internationale Flughafen Prag-Václav Havel (Karte 5) liegt 20 km nordwestlich vom Stadtzentrum. Flugauskunft: T 220 11 18 88, www.prg.aero (aktuelles Fluggeschehen, Engl.), www.pragflughafen.de (Hintergrundinfo, Dt.).

Vom Flughafen in die Stadt: Die Buslinie 119 verkehrt von 4.30 Uhr bis kurz vor Mitternacht alle 10–15 Min. zwischen Flughafen und Metrostation Dejvická (Linie A). Buslinie 100 bringt Sie zur Station Zličín (B), der Nachtbus zur Station I. P. Pavlova (C).

Airport-Express: Ganztägig pendeln Busse im Halbstundenrhythmus zwischen dem Bahnhof Hlavní Nádraží und den beiden Flughafen-Terminals (Terminal 1 außerhalb, 2 innerhalb der Schengen-Zone); Betriebszeiten aus der Stadt zum Airport 5.30–21 Uhr, in die Gegenrichtung 6.30–22 Uhr; Spezialtarif von 60 Kč p.P. einfach, bei Ticketkauf am Schalter 30 Kč. Fährt tgl. 5–22 Uhr alle 30 Min.

… mit der Bahn

Die meisten aus Deutschland kommenden Züge enden am Hauptbahnhof Hlavní Nádraží (□ F/G 6), aus Berlin und Wien kommend auch in Holešovice (□ H1) im Nordosten der Stadt. Ausgangs- und Endpunkte für den Inlandsverkehr sind der Masaryk-Bahnhof (Masarykovo nádraží; □ F/G 5) in der Hybernská und der Bahnhof Smíchov (Smichovské nádraží; □ F/G 5) in der Nádražní (Auskunft: T 840 11 21 13, www.cd.cz).

… mit dem Auto

Für die mautpflichtigen Autobahnen benötigen Sie **Vignetten,** erhältlich

Unabhängig und mobil – so geht Reisen heute. Czech Tourism hat's erkannt.

Begegnung der gelben Art: Taxi vor Frank O. Gehrys Tanzendem Haus

an Grenzübergängen, auf Postämtern oder bei Tankstellen (für 10 Tage: 310 Kč/14 €, für einen Monat: 440 Kč/20 €). Es herrschen **Gurt- und Lichtpflicht** sowie **absolutes Alkoholverbot** am Steuer. **Tempolimits:** in Ortschaften 50, auf Landstraßen, auf Autobahnen 130 km/h. **Nonstop-Pannendienste:** T 12 40, 12 30.

DIPLOMATISCHE VERTRETUNGEN

Deutschland:
Vlašská 19, T 257 11 31 11, www.prag.diplo.de, Metro A: Malostranská, Mo–Do 8–17, Fr 8–15 Uhr
Österreich:
Viktora Huga 10, T 257 09 05-11, www.bmeia.gv.at/oeb-prag, Metro B: Anděl, Mo–Fr 8.30–16.30 Uhr
Schweiz:
Pevnostní 7, T 220 40 06 11, www.eda.admin.ch/prag, Metro A: Dejvická, nur in Notfällen. Reguläre konsularische Anfragen bearbeitet das Konsularzentrum in Wien, T (+43) 1 795 05, Mo–Fr 9–12 Uhr

EINREISEBESTIMMUNGEN

Auch wenn die Tschechische Republik zum Schengen-Raum gehört, sind Sie verpflichtet, einen Pass oder Personalausweis bei sich zu tragen. Kinder benötigen einen eigenen Ausweis.
Ein- und Ausfuhr: EU-Bürger können Waren für ihren persönlichen Bedarf ein- und ausführen. Für Nicht-EU-Bürger gelten die Grenzen von 200 Zigaretten und 1 l Spirituosen. Ein- und Ausfuhr von Waffen, Rauschgift sowie vom Aussterben bedrohten Tieren bzw. aus solchen hergestellte Produkte ist strikt verboten.

GELD

Währung ist die **tschechische Krone** *(koruna,* Kč/CZK), die 100 Heller *(halér)* entspricht. Als Geldscheine sind 20, 50, 100, 200, 500 und 1000, 2000 und 5000 Kč im Umlauf, als Münzen 1, 2, 5, 10, 50 Kč. Kreditkarten sind allgemein gebräuchlich, Geldautomaten fast überall zu finden. Bares mittels Maestro-Karten abzuheben ist meist günstiger als Euros zu wechseln. Vorsicht vor Wechselstuben, die oft unverschämte Gebühren berechnen. Umtauschen sollten man nur in den großen Banken wie etwa Česká spořitelna oder Komerční.

INFORMATIONSQUELLEN

… im Internet
www.tasteofprague.com
Authentischer Food-Blog mit vielen Lokal-Tipps in Prag, auf Englisch und Tschechisch

www.praha.eu, www.prague.eu
Prag-Portale mit aktuellen Events, Infos für Touristen, Einheimische und sogar Unternehmen

www.spottedbylocals.com/prague
Locals verraten in englischer Sprache ihre Lieblingsplätze in der Stadt.

www.use-it.travel
Ein ausdruckfähiger Führer zum Downloaden von Locals, die ›ihr Prag‹ mit Gästen teilen

www.cityspy.info/map/interactive/ Prague
Interaktive Karte von interessanten Plätzen in Prag

www.czechtourism.com
Seite der Tschechischen Zentrale für Tourimus, CzechTourism

… in Deutschland:
Wilhelmstr. 44
10117 Berlin
T 030 204 47 70
berlin@czechtourism.com
Mo–Fr 14–17 Uhr

… in Österreich (gilt auch für die Schweiz):
Penzingerstr. 11–13
1140 Wien
T 01 892 02 99
wien@czechtourism.com
Kein regulärer Kundenverkehr vor Ort, Anfragen per Telefon/Mail und Termine n. V.

… in Prag:
Czech Tourism
Vinohradská 46
T 221 58 06 11, 221 58 01 11
info@czechtourism.com
Staroměstské náměstí 6
T 224 86 14 76
staromestska@czechtourism.cz
beide Mo–Fr 8.30–12 und 13–16 Uhr

Prague Information Service (PIS)
T 221 71 47 14
Mo–Do 8–16, Fr 8–16 Uhr
tourinfi@prague.eu/de

An folgenden Orten erhalten Sie alle Arten von Auskünften, die Prague Card sowie Tickets für Kulturveranstaltungen, Stadtrundfahrten und -gänge:
Altstädter Rathaus (Staroměstská radnice): ganzjährig tgl. 9–19 Uhr
Flughafen (Terminal 1 bzw. 2): tgl. 8–20 bzw. 8–22 Uhr

Rytířská 12: tgl. 9–19 Uhr
Wenzelsplatz: Kiosk in Platzmitte/Ecke Štěpánská, tgl. 10–18 Uhr

REISEN MIT HANDICAP

Die Organisation Prager Rollstuhlfahrer hält sämtliche Information zum barrierefreien Prag bereit: Benediktská 6, Prag 1, T 224 82 60 78, www.pov.cz. **Übrigens:** Menschen mit Handicap fahren in allen öffentlichen Verkehrsmitteln inklusive Begleitperson gratis.

SICHERHEIT UND NOTFÄLLE

Kriminalität ist auch in Prag – wie in allen anderen Großstädten – ein Thema. Wenn man sich aber an die gängigen Sicherheitsregeln hält, sollte der Urlaub nicht von unangenehmen Erlebnissen überschattet werden. Deswegen: Wertgegenstände lieber im Hotelsafe einsperren und nicht im Auto liegen lassen. Besondere Achtsamkeit ist natürlich beim Sightseeing geboten: Wo sich viele Menschen sammeln, kann es zu Diebstahl kommen.
Sollte Ihnen – trotz Vorsicht – dennoch ein Schaden passieren: Melden Sie diesen sofort bei der Botschaft Ihres Landes und erst danach bei der lokalen Polizei. Die Vertreter der Botschaft haben häufig hilfreiche Tipps zur weiteren Vorgehensweise parat.
Wenn Sie den Gang zur Polizei tun, suchen Sie die Station Prag 1, Nové Město, Jungmannovo náměstí 9 auf – dort gibt es nämlich einen Übersetzer.

Wichtige Notrufnummern:
Allgemeiner Notruf: T 112
Polizei: T 158
Diebstahlmeldung: T 974 85 17 50
Stadtpolizei: T 156
Feuerwehr: T 150
Ambulanz: T 155
Pannendienste: T 12 30, T 12 40
Kreditkartensperre:
American Express, T 222 800 222,
Visa & Master Card, T 224 900 200

EC-Kreditkarten- und Handysperr-nummer: T (+49) 116 116 oder (+49) 30 4050 4050

UMWELTFREUNDLICH UNTERWEGS

Tun Sie es den Pragern gleich und benutzen Sie die Metro bzw. Straßenbahn: Alle interessanten Sehenswürdigkeiten, Stadtteile und Ausflugsziele sind ›öffentlich‹ bestens erreichbar. Auch können Sie City Bikes ausleihen (🗺 Karte 2, F 5, Králodvorská 5, Prag 1, T 776 18 02 84, www.citybike-prague.com, Metro B: Náměstí Republiky, April–Okt. tgl. 9–19 Uhr): für 2, 4 und 6 Std. bzw. den ganzen Tag; dazu auch zweistündige, geführte Gruppenrundfahrten zu allen wichtigen Sehenswürdigkeiten im Zentrum (ca. 24 €).

PAUSCHAL FÜR ÖFFIS

Eine sehr gute Möglichkeit, Prag mit öffentlichen Verkehrsmitteln zu erkunden, stellt die **24-Stunden-Sammelkarte** dar. Sie kostet 110 Kč (Kinder und Senioren zwischen 60 und 70 Jahren 55 Kč) und wird auch in einer Variante für 72 Std. (für Erwachsene und Kinder 310 Kč) angeboten.
Sie ist erhältlich u.a. in den Infostellen des Prager Informationsdienstes PIS im Altstädter Rathaus (ganzjährig tgl. 9–19 Uhr), am Flughafen (Terminal 1 bzw. 2, tgl. 8–20 bzw. 8–22 Uhr), der Rytířská 12 (ganzjährig tgl. 9–19 Uhr) und auf dem Wenzelsplatz (Kiosk in der Platzmitte auf Höhe Stěpánská, ganzjährig tgl. 10–18 Uhr) bzw. jenen der Verkehrsbetriebe am Hauptbahnhof (tgl. 6–18 Uhr), in den Metro-Stationen Anděl (tgl. 7–12 Uhr), Hradčanská und Nádraží Veleslavín (beide Mo–Fr 6–18 Uhr) sowie in den Flughafen-Ankunftshallen der Terminals 1 und 2 (beide tgl. 7–21 Uhr).

Aus der Region stammende Bio–Lebensmittel finden Sie auf jeden Vormittag abgehaltenen Lebensmittelmärkten, etwa auf der Havelská sowie den Vorstadtmärkten in Smíchov, Dejvice und Holešovice (jeweils Mo–Sa vormittags). Eine Fundgrube für alle, die Kräuter und Naturkosmetik aus biologischem Anbau schätzen: das Familienunternehmen **Botanicus** im Teynhof (Týn 3), T 234 76 74 46, www.botanicus.cz, tgl. 10–18 Uhr. Auch bemerkenswert: Mit Urban Gardening haben die Prager einen weltweiten Trend aufgegriffen. So sieht man immer mehr ›urbane Gärten‹, die in Innenhöfen kultiviert werden.

VERKEHRSMITTEL

In Prag lassen Sie Ihren **PKW** am besten im Hotel, auf einem der zahlreichen bewachten Parkplätze oder im Parkhaus stehen und nutzen das dichte Netz öffentlicher Verkehrsmittel oder gehen zu Fuß. Zudem sind im Zentrum dreierlei Parkzonen, gekennzeichnet durch orangefarbene, grüne und blaue Markierungen, zu beachten. Die wichtigsten Adressen für Parkmöglichkeiten – und viele weitere Tipps zum Thema innerstädtischer Verkehr sind auf der Website www.dpp.cz/de aufgelistet.
Die **Metro** (Linie A grün, B gelb, C rot), **Trams und Busse** verkehren zwischen 4.30 und 24 Uhr. In den Nachtstunden sorgen die Straßenbahnlinien 51–59 und die Buslinien 501–515 bzw. 601–610 für eine Grundversorgung. Zentrale Umsteigestelle ist dann die Station Lazarská (Infos bei den Prager Verkehrsbetrieben: T 296 19 18 17, www.dpp.cz, tgl. 7–21 Uhr).
Einzelfahrscheine mit Umsteigemöglichkeit kosten 32 Kč (Kinder 6–15 J. und Senioren zwischen 65 und 70 J. 16 Kč), gelten ab der Entwertung 90 Min., an Werktagen von 20 bis 5 Uhr. Für Kurzfahrten – 30 Min., max. 5 Stationen – gibt es Fahrkarten um 24 Kč (Kinder/Senioren 12 Kč), erhältlich in ausgewählten Metrostationen, an Zeitungskiosken, in Hotels, Reisebüros,

Was Wunder, wenn Sie der heiligen Jungfrau sogar in der Tram begegnen!

Kaufhäusern etc. Kinder unter 6 und Senioren ab 70 J. sowie eine Person, die ein Kind bis 3 Jahren begleitet, fahren generell gratis. Die Mitnahme größerer Gepäckstücke kostet 16 Kč.
Eine verbindliche Preisordnung für **Taxis** legt den Grundpreis mit 40–60 Kč zzgl. 28 Kč/km und Wartezeit mit 6 Kč/Min. fest. Die Fahrpreise müssen im Wageninneren und außen an der Karosserie deutlich angezeigt sein. Dennoch sollten Sie vor Fahrtantritt unbedingt den Preis fix vereinbaren oder, besser noch, ein Funktaxi bestellen. Der Fahrer ist verpflichtet, auf Wunsch eine Quittung auszustellen. Als seriöse Unternehmen gelten u. a. AAA, T 222 33 32 22; Profi Taxi, T 261 31 41 51; City Taxi, T 257 25 72 57; Halotaxi, T 244 11 44 11.
Von April bis Oktober werden **Schiffsrundfahrten** auf der Moldau angeboten – das Angebot reicht von 50-Min.-Kurztrips bis zu Tagesausflügen nach Troja, Štěchovice, Mělník oder der Talsperre von Slapy (Infos: Prager Dampfschifffahrtsges. PPS, T 724 20 25 05, www.paroplavba.cz; Evropská vodní doprava: T 724 20 25 05, www.evd.cz).
Eine **Standseilbahn** führt von der Talstation Újezd mit Zwischenhalt beim Restaurant Nebozízek (▶ S. 49) auf den Petřín-Hügel, tgl. 9–23.30 Uhr alle 10–15 Min.

STADTRUNDFAHRTEN- UND GÄNGE

In Prag sind zahlreiche spannende Rundgänge abseits der touristischen Trampelpfade im Angebot. Die **Prague Alternative**-Tour bietet ungewöhnliche Einblicke in die Welt der jungen Prager und der lokalen Graffiti-Szene (www. praguealternativetours.cz). Die **Taste of Prague**-Tour ist zwar nicht ganz billig, aber ein Muss für alle Foodies (www.tasteofprague.com). In dunkle Polit-Sphären entführt Sie die **Corrupt Prague**-Tour (www.corrupttour.com). Für eine klassische Stadttour wenden Sie sich am Besten an den Prager Informationsdienst in seinem Büro im Altstädter Rathaus am Staroměstské náměstí.

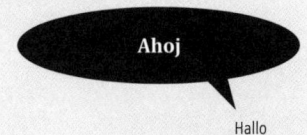

Ahoj

Hallo

týpek, týpka

Fescher Mann, hübsche Frau

NA SHLEDANOU

Auf Wiedersehen

Jmenuji se …

Ich heiße …

TADY CHCÍPL PES.

Hier ist ein Hund gestorben.
Hier ist tote Hose.

Fakt?!

Wirklich?!

TY VOLE!

Alter!, Mann!, Oida!

To je fuk

Das ist egal.

Na zdraví!

Prost!

Díky

Danke

Bože!

(Oh) Gott!

Register

Register

Das Klima im Blick
Reisen bereichert und verbindet Menschen und Kulturen. Wer reist, erzeugt auch CO_2. Der Flugverkehr trägt mit bis zu 10 % zur globalen Erwärmung bei. Wer das Klima schützen will, sollte sich – wenn möglich – für eine schonendere Reiseform entscheiden oder die Projekte von atmosfair unterstützen. Flugpassagiere spenden einen kilometerabhängigen Beitrag für die von ihnen verursachten Emissionen und finanzieren damit Projekte in Entwicklungsländern, die dort den Ausstoß von Klimagasen verringern helfen (www.atmosfair.de). Auch die Mitarbeiter des DuMont Reiseverlags fliegen mit atmosfair!

Abbildungsnachweis

Getty Images, München: S. 7 (Atlantide Phototravel); 120/4 (Imagno/Hulton Archive); 21 (Jon Arnold); 37 (Kirill Rudenko); 38, 61 u. (Lonely Planet); Umschlagklappe vorn, 72 (Matej Divizna); 63 (Miguel Sotomayor); 103 (ML Harris)

Glow Images, München: S. 120/7 (Heritage Images); 74 (ib/Frank Bienewald); 110 (Prisma)

Huber-Images, Garmisch-Partenkirchen: S. 20 (Anna Serrano)

iStock.com, Calgary (CA): S. 8/9, 33 (Chalabala); 41 (gionnixxx); 32 (pick-uppath); 61 o. (tirc83); Umschlagklappe hinten (TomasSkopal)

laif, Köln: S. 120/5 (Contrasto/Archivio GBB); 69, 104 (Dagmar Schwelle); 59 (Fulvio Zanettini); 120/2 (Gamma-Rapho/Frederic Reglain); 80 (hemis.fr/Bertrand Rieger); 47, 51, 65, 75, 95, 102, 105, 113 (Peter Hirth); 97 (Redux/NYT/Michal Novotny); 62 (Redux/VWPics/Lucas Vallecillos)

Lookphotos, München: Titelbild, Faltplan (Don Fuchs); 101 (Travel Collection)

Mauritius Images, Mittenwald: S. 93 (age fotostock/Peter Erik Forsberg); 86 (Alamy/Arcaid Images); 42 (Alamy/Botany vision); 26, 45, 46, 48, 52, 92, 96, 106 (Alamy/CTK); 14/15, 16/17, 30, 54, 85, 98 (Alamy/Cum Okolo); 120/1 (Alamy/David Cole); 36 (Alamy/Dirk Renckhoff); 56 (Alamy/Frank Chmura); 66 (Alamy/Images & Stories); 100 (Alamy/J. Pie); 99 (Alamy/Kay Roxby); 67 (Alamy/Markéta Bendová); 58 (Alamy/Peter Forsberg); 53 (Alamy/Petr Bonek); 76 (Alamy/PjrTravel); 28 (Alamy/Profimedia.CZ a.s.); 107 (Alamy/Sasha Stowe); 4 u. (Alamy/Vincent de Vries photography); 83 (Alamy/Vladimir Pomortzeff); 87 (Alamy/Yadid Levy); 120/6 (imagebroker/Karl F. Schöfmann)

picture-alliance, Frankfurt a. M.: S. 88 (AP Photo/Michal Dolezal); 25 (Christoph Mohr); 78/79 (dpa/Filip Singer); 12/13 (dpa/Stan Peska); 120/9 (epa/Filip Singer); 120/3 (Imagno/Austrian Archives)

Stock.adobe.com, Dublin (IE): S. 90 (aquatarkus); 4 o. (Chalabala); 109 (Jonathan Stutz); 120/8 (neuartelena); 94 (rh2010); 23 (Stefan Thiermayer)

Walter M. Weiss, Wien: S. 70

Zeichnungen S. 2, 11, 24, 32, 35, 39, 50: Gerald Konopik, Fürstenfeldbruck

Zeichnung S. 5: Antonia Selzer, Lörrach

Zitat Umschlagklappe hinten: Gabriel Laub, Unordnung ist das ganze Leben, © 1992 by Langen-Müller in der F.A.Herbig Verlagsbuchhandlung GmbH, München

Kartografie

DuMont Reisekartografie, Fürstenfeldbruck
© DuMont Reiseverlag, Ostfildern

Umschlagfotos

Titelbild: Gemeindehaus und Pulverturm
Umschlagklappe hinten: Karlsbrücke im Schnee

Hinweis: Autor und Verlag haben alle Informationen mit größtmöglicher Sorgfalt geprüft. Gleichwohl erfolgen alle Angaben ohne Gewähr. Infolge der Corona-Pandemie kann es darüber hinaus zu kurzfristigen Geschäftsschließungen und anderen Änderungen vor Ort gekommen sein. Bitte schreiben Sie uns! Über Ihre Rückmeldung zum Buch und Verbesserungsvorschläge freuen sich Autor und Verlag: **DuMont Reiseverlag**, Postfach 3151, 73751 Ostfildern,
info@dumontreise.de, www.dumontreise.de

FSC
www.fsc.org
MIX
Papier aus verantwortungsvollen Quellen
FSC® C018236

2., aktualisierte Auflage 2021
© DuMont Reiseverlag, Ostfildern
Alle Rechte vorbehalten
Autor: Walter M. Weiss
Redaktion/Lektorat: Sebastian Schaffmeister, Oliver Fülling
Bildredaktion: Stefan L. Scholtz
Grafisches Konzept: Eggers+Diaper, Potsdam
Printed in Poland

Kennen Sie die?

Franz Kafka
Der bedeutende Schriftsteller wurde in Prag geboren und verbrachte den Großteil seines kurzen Lebens in der Goldenen Stadt, die auch sein Schaffen prägte.

Václav Havel
Keiner verkörpert den friedlichen Wandel nach dem Fall des Eisernen Vorhangs so wie der Schriftsteller, Aktivist und erste Präsident der tschechischen Republik.

Egon Erwin Kisch
Mit Erzählungen aus dem Alltag der einfachen Leute wurde der ›rasende Reporter‹ zum Chronisten seiner Stadt und zum Mitbegründer der journalistischen Reportage.

Rainer Maria Rilke
Der deutsche Romantiker lernte das Schreiben in Prag, auch wenn sein Stellenwert als Sohn der Stadt in der tschechischen Republik lange nicht wahrgenommen wurde.

Bedřich Smetana
Mit seiner »Moldau« schuf er eine unendliche Melodie, die zum Symbol für das tschechische Nationalbewusstsein wurde und bis in unsere Tage nachwirkt.

Albert Einstein
1911/12 unterrichtete der bedeutende Physiker an der Prager Universität. Hier fand er die nötige Sammlung, seine Relativitätstheorie zu konkretisieren.

Jan Hus
Ausgerechnet ein christlicher Reformer wurde zum Nationalhelden der heute großteils atheistischen Tschechen. Für seinen Reformeifer bezahlte er 1415 mit dem Leben.

Der Golem
Zum Schutz der Prager Juden aus Lehm geschaffen, ruht er noch heute auf dem Dachboden der Prager Altneusynagoge. Zumindest behauptet das die Legende.

Fenstersturz
Der tschechische Abgang erfolgte zumindest historisch durch ein offenes Fenster der Prager Burg. Gleich zwei Mal entledigte man sich so der ungeliebten Herrscher.